Gleam Books

多様化する家族と法II

―子どもの育ちを支える、家族を支える―

二宮周平

株式会社 朝陽会

はしがき

本書は、２０１９年６月に刊行した『多様化する家族と法Ⅰ～個人の尊重から考える』の続編である。前著は、主として個人および個人の横の関係（パートナーとの関係）を対象とした。横の関係は、大人同士が自己の意思、希望に基づいて親密な関係性を構築するものであり、双方の合意を基礎とする。したがって、個人としての自立や対等なパートナーシップの視点で論ずることができた。

これに対して、本書は、個人の縦の関係（親と子）を対象とする。赤ちゃんから大人になるまでの子どもの育ちを支え、加齢や障がいにより判断能力や身体能力などの衰えた人の生活を支える関係である。支える側と支えられる側の合意に基づく関係ではないし、自立や平等といった言葉が及びにくい領域であるかもしれない。(注1)しかし、個人の自立および横の関係の多様化、対等性は、縦の関係にも影響を与える。そもそもいかなる関係であれ、人間の尊厳として自立、自由、対等、意思などの理念を体現すべきである。本書はこうした視点で縦の関係を論じる。

第1章は、未成年の子どもの問題を取り上げる。タイトルは、「子どもの育ちを支える」である。子どもは権利の主体であり、保護の客体ではない。親や社会は子どもを守るのではなく、子ども自身の育つ権利を保障し、子どもの育ちを支える義務がある、という思いを込めた。

1から4では、親の別居・離婚に際して、子と別居親との交流を保障することが子の育ちにとって重要であること、子の利益を確保するためにも、日本の離婚の87％を占める協議離婚制度の改革が必要であること、子を権利の主体として捉え、親権者の指定、変更、面会交流などに関して、子は自己の意見を表明し、その意思が尊重されること、その前提として子への情報提供が必要であること、子は父母の養育を受ける権利を有することから、離婚後も父母が子の養育に責任を持つ制度を導入する必要があることなど論じる。5から8では、子の成育環境の確保に関して、児童虐待における児童の保護と親権の規制のあり方、血縁上の父を法律上の父とする機会を子に保障する制度、社会生活を円滑に営む上で重要な戸籍への登録を出生の時点で保障する制度、親や家族の利益よりも子の利益を優先する養子制度への展望を論じる。

第2章は、高齢者の問題と相続に関する問題を取り上げる。タイトルは、「家族を支える」である。生・育・老・病・死という局面において、人は自立的な存在者としてのみ生きているわけではなく、生の自立は他者の生への依存を前提とする。(注2) この依存を家族や親密な関係だけで担うと、共倒れや虐待等を引き起こすおそれがある。家族と社会が連携して分担、協力する視点が必要である。

1～3では、介護保険制度と成年後見制度を、高齢者の介護や財産の管理、見守りに直面する家族を支える制度として位置づけ、その課題を論じるとともに、家族介護を支えるには、認知症の高齢者の起こした事故の法的責任を社会が担う仕組みが必要であることを論じる。4～5では、高齢者が遺言に託す思いを活《い》かすために必要なこと、骨肉の争いになることもある遺産分割について、被相続人と相続人の関係性を尊重した分割の可能性を論じる。高齢者の財産形成や介護などに貢献した相続人により多くの財産を承継させることは、家族による貢献を支えることであり、相続人間の実質的な平等につながるように思う。

本書も前著と同じく、雑誌『時の法令』２０１６年4月30日号から２０１８年3月30日号まで24回の連載を基にしている。連載終了から2年以上経過しているので、この間の変化を補足し、連載では取り上げる機会がなかった児童虐待や子の養育費の問題も加筆した。

今回も、出版の労をお取りいただいた朝陽会、連載原稿を並べ替え、読みやすい内容、表現の工夫など多大なご協力をいただいた雅粒社のみなさんに、心から感謝の意を表します。

（注1）金井淑子「新たな親密圏と女性の身体の居場所」『岩波　新・哲学講義6　共に生きる』（岩波書店、１９９８）73ページ。

（注2）齋藤純一編『親密圏のポリティクス』（ナカニシヤ出版、２００３）まえがきⅶページ参照。

２０２０年6月23日

二宮　周平

目次

第1章　子どもの育ちを支える

1 別居・離婚後の親子の交流
――子の利益のために

1　親子の面会交流とは何か

別居や離婚後、別居している親と子が会って遊んだり、話をしたり、食事をしたり、宿泊したりするなど親子として交流することを面会交流という。1960年代以降、家庭裁判所の実務（調停や審判）の中で、「面接交渉」として認められてきた。ようやく2011年に民法に規定された。父母が協議離婚をするときは、「父又は母と子の面会及びその他の交流」について協議で定め、協議が調わないときは、家庭裁判所が定める。その際には、「子の利益を最も優先して考慮しなければならない」（民法766条）。

2016年の厚労省「全国ひとり親世帯等調査結果報告」では、子と別居している父との面会交流が続いているのは29・8％、子と別居している母との面会交流の場合は45・5％。ただし、協議離婚時に面会交流の取り決めをしていた場合には、子と父との面会交流継続が64・1％に上がる。やはり取り決めることが重要である。

２０１２年、民法７６６条改正の趣旨を周知するために、協議離婚届書に面会交流及び養育費の取り決めチェック欄が設けられた。取り決めの有無のチェックは、離婚の届出の要件ではないので、本欄にチェックがない場合でも、離婚届は受理され、離婚は成立する。２０１８年度では、面会交流取り決めありの割合は64・7％。２０１２年度の55・４％から増加した。しかし、取り決めの内容も、実際に実現しているかどうかも不明である。

協議が調わず家庭裁判所に面会交流の調停や審判を申し立てる件数は、年々増加している。２０１８年では、調停申立て1万３００７件、調停終了1万２４８1件のうち、調停成立は７１４７件（終了事件の57・３％）、審判申立て１９３６件、審判終了１８９7件のうち、認容は９１5件（終了事件の48・２％）。その後、継続実施されているかどうかは不明である。

離婚によって多くの子どもたちが親の一方との関係を断たれている。

数年前、「父母の離婚等の後における子と父母との継続的な関係の維持等の促進に関する法律案」が、超党派の議員立法として検討されたことがある。(注1) 養育費の分担に関する記述が乏しいこと、子の意思の尊重が明記されていないこと、子を監護している親への義務づけが強すぎること、ＤＶ事案への配慮について具体性がないことなど問題点もあるが、離れて暮らす子と交流できていない側の親の切実な思いをこの法案は反映している。他方で、ＤＶ加害者である元夫が謝罪もなく、何の反省もなく、当然のように面会交流を求めてくることに、母親側が不公平感と抵抗感を持つことも理解できる。ＤＶ事案に限らず、同居親が子と別居親の面会交流に否定的になるには、何らかの理由、事情があり、これを軽視して調停で無理に合意を形成したり、審判で命じても、履行に至らず、かえって子の福祉を害する結果となることもある。だからといって、面会交流を全否定することは、子からもう一人の親を奪うことになりかねない。

今、求められているのは、葛藤を抱えた父母間で、別居親と子との面会交流をどのように実現していくのか、具体的な方法を考えることだと思う。

（注１）２０１９年11月から、法制審議会の前段階の研究会が立ち上がり（家族法研究会）、親権の概念の整理、父母の離婚後の子の養育の在り方（親権行使の共同化等を含む）、協議離婚制度の在り方などの議論が開始している。

２　面会交流の必要性

では、子にとって面会交流はなぜ必要なのか。一般論としては次のように説明される。別居親と子との円満で継続的な交流は、親と子の絆《きずな》を保つことであり、子も別居親が自分を見捨てていないことを確信できる。子は家族やさまざまな人たちとの交流を通じて、愛情と信頼の大切さを体験し、自尊感情を抱き、他者を愛し信頼することのできる力を育てていく。

東京高裁は、「子は、同居していない親との面会交流が円滑に実施されていることにより、どちらの親からも愛されているという安心感を得ることができる。したがって、夫婦の不和による別居に伴う子の喪失感やこれによる不安定な心理状況を回復させ、健全な成長を図るために、未成年者の福祉を害する等面会交流を制限すべき特段の事由がない限り、面会交流を実施していくのが相当である」とする。(注2)

しかし、別居親と子が会うことを実現することだけが目的ではない。現在の日本の法制度では、子を監護教育し、財産を管理する権限である親権は、婚姻中は父母共同で行使するが、離婚後はどちらか一方の単独親権となる。こうした現行法の下で、別居親と子の交流は、別居・離婚後も父母が子の監護教育に関して共に責任を担い、子の成長を支援する方法の一つでもある。別居親も子との交流を通じて人間的な安心と満足を得ることがあり、親としてのアイデンティティを得ることもできる。同居親も子育てを別居親と分担することによって、自分だけの時間を確保したり、思春期の子どもの悩みに対処できるなど、それぞれにメリットがある。

さらに子どもの見守りの役割もある。例えば、母が男性と暮らし始め、その男性が児童虐待の加害者となるケースがあるが、別居親が子と面会交流をしたり、連絡を取り合っていたら、虐待の事実をより早く発見できるかもしれない。同居親が育児放棄をしたり、家出をしたような場合、別居親が家庭裁判所に親権者変更などの中立てをして子を保護することができる可能性もある。

（注２）東京高裁２０１３年７月３日決定（判例タイムズ１３９３号２３３ページ）。特段の事情とは、①別居親による子の虐待のおそれ、②別居親による子の連れ去りのおそれ、③別居親による同居親に対する暴力などである。家庭裁判所は、家事調停の早い段階で、家庭裁判所調査官による調査を実施して特段の事情の有無を把握し、そうした事由がないと認められる場合には、面会交流を認め、円滑に実施していくための条件の検討や環境整備を行うようにしている。

３　カナダ・オンタリオ州の監督付面会交流

ところでカナダ・オンタリオ州では、ＤＶや児童虐待などがあっても、面会交流を保障している。ただし、監督付きである。対人援助や臨床心理、児童福祉、教育学などの専門的訓練を積んだスタッフが、裁判所からの指示に基づいて、各団体の確保している安全な場所（面会交流センター）で、離れて暮らす親と子の面会交流を監視し、不適切なことがあれば、中止させる権限を持って対応している。現地を訪問した際に、なぜここまでして交流させるのか尋ねてみた。

各センターのスタッフによって表現は異なるが、①科学的な根拠があってやっているわけではないが、親子はアタッチメント（ふれ合い）すべき、②安全な環境があれば親子は交流すべき、③子どもが両親と関わりを継続することが、全く交流しないことよりも良いことなのだという前提で行っていると語る。また、子どもは親の一方がいなくなると、本能的に自分を責め、罪悪感を持つことがあるが、これを軽減することができるとの指摘もある。各センターに共通するのは、自分たちの経験の中で、監督付面会交流を通じて親子の関係がゆっくりと築かれていく、監督付きの必要性がなくなり、受渡しだけして自分たちで交流できたり、さらには宿泊できるようになるなどの事実を見てきている。こうした経験があるので、「なぜここまでして」という発想はない、強いていえば、ないよりあったほうがよいといった自然な感じだということである。

なお父母の間に激しいＤＶがあった場合には、監督付面会交流が効果的でないこともあり、子どもにとっても大変なことだと思うが、裁判所からの命令でなされる監督付面会交流なので、継続するか中断するか停止するかは、裁判所が報告書を見て判断するとのことである。（注３）

残念ながら、日本には監督付きの面会交流センターはない。調停や審判で面会交流を合意ないし命じられた場合、葛藤の程度が高い元夫婦が自分たちで面会交流を実施しなければならない。それは葛藤をさらに高めたり、子どもの心に傷をつけることもある。

（注３）二宮周平・渡辺惺之編『子どもと離婚～合意解決と履行の支援』（日本加除出版、２０１６）３２１～３２５ページ。

４　面会交流支援団体の役割

他方で、面会交流を支援ないし援助する民間団体がある。（注４）公益社団法人「家庭問題情報センター」（略称ＦＰＩＣ）が１９９４年度から試行的に、２００４年度から事業として本格的に取り組み、東京、大阪、名古屋、福岡、千葉、宇都宮、広島、松江、横浜、新潟、盛岡、松山の順に開設され、その後、全国各地に40前後の団体（ＮＰＯ法人あるいは一般社団法人が多い）が立ち上がっている。元家裁調査官・家事調停委員や弁護士など司法関係者、臨床心理士、保育士などの専門職、自分または父母の離婚を経験した当事者たちが主体となって、子どもの利益最優先、中立、安全などのポリシーの下、次のような援助をしている。

①子の受渡し。同居親から子を預かり、待ち合わせ場所や各団体の確保している場所で別居親に子を渡す。面会交流が終了すれば、別居親から子を預かり同居親に渡す。葛藤を抱えている父母が顔を合わせなくてすむ。②付き添い。別居親と子の面会交流に立ち会う。親子の交流の様子を見守るので、連れ去りなど不規則な事態を防ぐことができる。③調整。病気や行事など面会交流ができなくなった事情を相手方に伝えたり、次回の日程など、父母間の連絡調整を行う。

これらの団体では、調停や審判等で面会交流の合意が成立しているが、当事者の任意の履行が難しい事案を中心に、ⓐ申込み、ⓑ申込書の検討、ⓒ当事者双方との個別面談、遵守事項の確認、ⓓ援助の契約成立、ⓔ援助の開始（子の受渡し、付き添い、調整など選択）、ⓕ援助終了後のケース会議、ⓖ当事者へのフィードバック、ⓗ次回の援助、という流れで共通している。1年から2年をめどに、父母が自分たちの力で面会交流ができることを目標にする。ⓒとⓗで、実質的な親ガイダンス（親教育）がなされる。

こうした専門的な第三者機関が間に入ることによって、自分たちで実行することが困難な父母をサポートし、離れて暮らす親と子の交流を維持し、継続する可能性が生まれる。２０１６年10月、埼玉県熊谷市のＮＰＯ法人「面会交流支援こどものおうち」が「第10回よみうり子育て応援団奨励賞」を受賞した。(注5) 面会交流の支援活動が「子育て応援」と評価された。問題は、こうした団体のほとんどがメンバーのボランティアに依拠していることである。事務局や面会の場所の確保、メンバーの研修、交通費、日当、賠償保険など活動を支える公的な財政的援助が必要である。

（注４）二宮周平編『面会交流支援の方法と課題～別居・離婚後の親子へのサポートを目指して』（法律文化社、２０１７）第２部参照。全国の団体マップとして http://menkaikouryu.fvsnet.org/map.html 参照。
（注５）讀賣新聞２０１６年10月13日朝刊。

５　子どもたちのピアサポート

親の離婚を経験した子どもの立場で面会交流を支援している団体がある。ＮＰＯ法人ウィーズ理事長、光本歩さんは「面会交流は子どもが主人公であるべきだ」と述べる。（注６）親や大人の都合や思いだけで、子どもの利益を決めつけたり、縛ったりしないで欲しいと言う。子どもが何を「利益」として捉えるのかは、その子自身の育ってきた環境や性格などによりさまざまであること、面会交流に対して子どもが負担を感じてしまえば、交流が実現したところで、親子が良好な関係を持てるとは考えにくいことを指摘し、子どもの心の負担を最小限にすることができるよう、子どもの性格や状況に合わせた支援が求められているとする。

さらに次のように続ける。親の離婚を経験した子どもたちの多くが「一番嫌だったこと」として挙げるのは、離婚後も両親がいがみあい、親の一方から他方の悪口を聞くことであり、そのうちに、一方の親の前で他方の親の話をすることが、子どもの中ではタブーになる。例えば、面会交流支援の場では、同居親の前で「別居親に会いたくない」と言いながら、いざ別居親のもとへ行ってみると、楽しそうに交流をする子どもは多いが、同居親のもとに帰れば、「もう会いたくない」と言うのである。この状況を目にして、「問題なく交流できましたね」で終わらせてもいけないし、「子どもが会いたくないと言っているので中止しましょう」とするのも短絡的すぎる。両親の葛藤が子どもに忠誠葛藤を抱かせてしまうということに対して、親を含めた大人がもっと配慮しなければならない。同居親は、自らの感情を子どもに伝染させないように努力すべきであるし、別居親は、同居親への刺激が子どもに影響することを認識すべきである。

光本さんは、両親が離婚した子どもにとって面会交流の必要性は、子ども自身が両方の親を理解する機会を確保するためであるとする。親の離婚を経験したスタッフの中には、面会交流を通じて別居親の良いところを目にして、「自分は愛されていたと確認できた」と言う人もいれば、悪いところを見て「自分の親はこういう人だと割り切れた」と言う人もいる。さらに「同居親に『別居親に会いたい』と言い出せず、面会交流ができなかった。自分が子どもの頃に第三者機関が存在していたら、是非とも利用して別居親に会いたかった」、「面会交流ができていれば、親の離婚による悲しみをもっと早く消化できていたかもしれない」という声もある。

子どもが面会交流に求めるものは、親に何かをしてほしいということではない。大切なことは、両親は離婚したけれど、父とも母とも関わりを持ち続けていたということを子自身が認識できていることであり、子どもが「自分の親はどういう人物なのか」を自分自身の目で見て、感じ、理解していることが、子どもが自分の人生と親の人生を良い意味で切り分け、前に進むための力となる。光本さんは、両親が離婚したことにより親子が過ごしていく形が変わったことは事実だが、親子であることを否定したり、なかったことにしたりする権利は、どちらの親にも、どの大人にもないと述べる。

（注6）光本歩「子どもたちのピアサポート」二宮編・前掲（注4）171〜172、186〜188ページ。

6　子どもにとっての権利性

1970年代末から1980年代に、学術の場からは、「子どもも、親を知りそして親と接触する権利を有している。面接交渉権（当時は面会交流ではなく、面接交渉と表現されていた：引用者注）は、子の親を知る権利、実質的には子自身の人格形成、福祉の増進を求める権利」である、(注7)面接交渉は子の側から見ると、「自己のアイデンティティ確立を最低限の機能として果たすべく存在しているもの」であるといった提起があり、(注8)1989年、国連子どもの権利条約7条1項は、「児童は、……できる限りその父母を知りかつその父母によって養育される権利を有する」と定めた。父母との面会交流は子どもの権利とされたのである。

父母と面会交流をする意義について、面会交流支援の現場からは、「面会交流の究極の目的は、親に接して親を知ることである。親を知ることによって自分を知ることである。それが親を知る権利の主体である子どもの福祉の実現である」(注9)と指摘され、報道の現場からは、「『大切にされた実感』が親子関係を自由に考えていく力となり、選択肢も広がる。面会はどんな親子関係でありたいか、子ども自身が選択肢を豊かにする機会であるはずだ。その選択肢を親の都合で奪わないでほしい。成長とともに変わっていく子どもの思いに向き合い続ける長期的な視点が必要だ（注10）」と指摘されている。

面会交流の法的性質についてさまざまな学説があり、定説はないという見解もあるが、5で紹介した光本さんの指摘やここで紹介した各立場からの指摘を踏まえると、面会交流は、子どもが「自分の親はどういう人物なのか」を自分自身の目で見て、感じ、理解する機会、どんな親子関係でありたいか、子ども自身が選択肢を豊かにする機会を保障することであり、子どもの権利だといえるのではないだろうか（注11）。

（注7）川田昇「面接交渉権」ジュリスト増刊『民法の争点』（1978）371ページ。
（注8）木幡文徳「面接交渉権の現状と課題㈠」専修法学論集46号（1987）115ページ。
（注9）山口恵美子「面会交流・養育費の実現へ向けたサポート」家族〈社会と法〉26号（2010）69ページ。
（注10）記者の視点「子の選択肢　豊かに」神奈川新聞2018年4月5日〔竹内瑠梨〕。
（注11）二宮周平「面会交流の権利性～人格権的構成⑵」戸籍時報787号（2019）5～6ページ、同（3・完）789号3～4ページ。

7　養育費の分担〜車の両輪

面会交流と養育費とは、別居・離婚後の親子関係にとって車の両輪のような関係にある。前者は子の精神的情緒的な生活を支え、後者は経済的物質的な生活を支える。(注12)しかし、先に紹介した2016年の厚労省「全国ひとり親世帯等調査結果」によれば、父子の面会交流継続実施率は低いし、母子世帯の養育費継続受給率も19・7%（2011年度）から少し増えたとはいえ24・3%と低い。別居親が再婚して子どもが生まれたりなど負担が増加した、面会交流させたくないので養育費も請求しないなど同居親の別居親に対する忌避感情や面倒くささなどさまざまな事情があるのだろうが、父母双方に面会交流も養育費も子の権利であるという認識が定着していないように思われる。

他方で、養育費をもらっても、その8割が収入として認定されて児童扶養手当(注13)が減額されること、養育費の分担を取り決めても、一方が履行しない場合には、強制執行の必要があり、そのために弁護士に依頼する時間的・経済的負担がかかることなど、制度的な問題がある。国連子どもの権利条約27条4項は、「締約国は、父母又は児童について金銭上の責任を有する他の者から、児童の扶養料を自国内で及び外国から、回収することを確保するためのすべての適当な措置をとる」と規定する。国連子どもの権利委員会は、日本政府の審査報告に対して、父親の扶養義務が果たされておらず、養育費を回収するための手続が不十分であると懸念を表明しているが、日本政府は、強制執行制度に改善が加えられたと報告するにとどまる。

養育費の確保は先進諸国に共通の課題であり、多くの国で従来の司法制度（強制執行）とは別に、行政による養育費確保制度を実施している。[注14] ①政府が同居親に「立替払い手当」を支給し、別居親にそれを返済させる制度（スカンジナビアモデル）と、②あくまでも別居親の支払義務を追求する制度（アングロ・サクソンモデル）である。②の典型の米国では、給与天引き、所得税還付金や失業給付からの相殺、滞納すると、個人信用情報機関への滞納額の通知（ブラックリストに載る）、運転免許や専門職免許の停止、パスポートの発行拒否など厳しいし、私生活に対する介入も強い。

①は最終的には税で負担するので、社会の合意が必要だが、行政機関が責任を持って養育費の確保を図っている。韓国もこうした制度を導入した（本章③3参照）。日本でも、養育費を家族内の私的な問題から、社会の子育て支援の一つとして位置づけ、行政による立替給付、取立て代行、給与天引きなどの制度を創設する必要がある。[注15]

養育費の支払いには、子に対する親の思いが反映する。子も別居親から気にかけてもらっていることを実感できる。別居親と子のつながりの一つである。だから、任意の履行がベストである。そのためには、面会交流同様、夫と妻が誠実に養育費分担を定める合意形成を支援するシステムが必要である。離婚後の父母の共同親責任制度もその一つではないだろうか（本章④3参照）。

（注12） 棚村政行編『〔第2版〕面会交流と養育費の実務と展望』（日本加除出版、2017）5ページ〔棚

村政行」。

（注13）ひとり親家庭への経済的な援助。18歳未満の子一人の場合、所得により月額4万3160円〜1万180円が2か月に1回支給される（2020年4月）。全額支給されるのは、子ども一人の場合で前年度所得87万円以下、所得が増えるごとに支給額が減らされ、230万円に達すると支給されない。子が二人以上の場合、二人目には1万180円、三人目以降は一人6100円が加算される。現在、100万を超える世帯が受給している。

（注14）下夷美幸「スウェーデンにおける養育費制度」、「アメリカにおける養育費制度」棚村編・前掲（注12）292〜297、310〜315ページ。

（注15）兵庫県明石市は、2018年度から、養育費の不払いがあった場合に、市が業務委託した総合保証会社が立替・督促・回収する仕組みを導入した。市は1年分の保証料（養育費1か月分、上限5万円）を補助する。同様の仕組みは、大阪府、大阪市、神戸市、堺市、東京都港区、千葉県船橋市、滋賀県湖南市、大阪府東大阪市などが導入している。明石市は市が養育費を立て替える制度を検討中である。先進的な自治体の取組は高く評価できるが、自治体間の格差を生じさせないために、国は早急に制度を整備する必要がある。

② 子の意思の尊重と子への情報提供

1 ある親権者変更事件

子を監護教育する責任を負う者を親権者という。婚姻中は、父母が共同親権者だが、離婚した場合や、父母が婚姻していない場合には、父母どちらかが単独で親権者となる。離婚後、親権者になった親が、子の養育を放棄したり、虐待などしていれば、非親権者のほうから家庭裁判所に対して親権者の変更を申し立てることができる。次のような事件があった。

父・母・子の3人家族。子が3歳の時に、事情があって母が家を出た。父が子育てをしていたが、子が5歳の時に父母が離婚。訴訟になっていたので、家裁は、母を子の親権者とした。子は父から母に手渡された。その後、父と子の交流が再開する。月に一度の面会のほか、夏や冬の休みの時には父方で宿泊することもでき、さらに子の成長に伴い、携帯電話やスカイプでの連絡も可能となった。母は父子の交流を保障したといえる。

しかし、子は父が大好きで、父母の離婚時からずっと父と暮らしたいと思っていた。子が小学6年生になったとき、父は子の気持ちを尊重して家裁に親権者変更を申し立てた。こうした時に、家裁は、家裁調査官に対して、子の監護状況の調査を命じる。子は元気に学校に通っており、家庭の環境も良好である。母、母と同居している母方の祖父母同席の場で、子の意向を聴いても、父と暮らしたいとは言わない。何も問題はないとの報告になる。

しかし、子は母や祖父母と同居しながら、父との生活を希望する。その意思表明は困難を極める。父母の狭間《はざま》で意思表明が困難な場合に、弁護士が子の手続代理人として、子の立場から子の意思を把握し、家裁に報告する制度がある（家事事件手続法）。これに基づき、家裁は事情を理解し、手続代理人を選任した。手続代理人は十数回に及ぶ丁寧な聴き取りと子の意思確認をした。母側から、今日は何を聴かれたの、友達と会えなくなってもいいのなど、あれこれ言われ、心細くなることもあったが、一貫して父と暮らしたいという気持ちを代理人に語り続けた。家裁は、この報告を受けて、父母の監護能力、監護状況に差がない場合には、子の意思を尊重するとして、父への親権者変更を認めた。

母は不服で高裁に抗告した。母は日常的に子を監護している。時にはしかったり、しつけたりする。これに対して父はたまに子と会い、楽しく遊ぶ。それで父がいいと言っているにすぎないと。高裁は、母と祖父母、中学校の担任教師に対して調査官調査を実施した。監護状況は良好との報告書が出る。高裁は、子は父母の狭間でどちらの言うことに従うべきか葛藤状態にある、それなのに手続代理人は親権者を父とするか母とするか二者択一を長期にわたり迫り続けた、子は母の家出時と離婚に伴う母への引渡し時と、二度の喪失体験をしている、これ以上負担をかけるべきではない、中学1年でも甘えん坊で、母による監護が必要である、父方への移転に伴う環境の激変は子に不利益であるなどとして、親権者変更を認めず原審を取り消した。

あれほど自分の気持ちを述べ続けたにもかかわらず、子の希望は叶《かな》わなかった。父は子がショックを受けないように、面会の際には、従来どおり、楽しく過ごすようにしている。

みなさんは、家裁と高裁の判断のどちらを支持するだろう。

2 子の判断能力と意思能力

結論が分かれたのは、子の判断能力に対する信頼である。子は判断能力が不十分だから、大人が代わって判断する。子は父も母も大好きで、父母が一緒に暮らすことを望んでいる、それは不可能なのだから、現在の監護環境を変えないほうがよいと高裁は思ったのかもしれない。しかし、現在の環境を変えたいというのが子の意思である。よほどの覚悟がなければ、その意思を第三者に伝えることはできない。家裁はそれを受け止めたのである。

父母の間で、別居した親と子との面会交流が問題となったケースがある。父母と子と家裁調査官が同席した。3歳の子が箱庭のおもちゃを持って、「お父ちゃん、これなあに」と尋ねる。これこれだよと父が答える。今度は、「お母ちゃんこれなあに」と尋ねる。これこれだよと母が答える。答えはもう出ているのに、子はまた父に尋ねに行く。調査官が父母に対して、子が父と母に交互に見せて話しかけたことをどう思うかと話し合わせた。父母は、子が両親を求めていると理解し、面会交流を認め合う契機

になったという。（注1）

子はその年齢に応じて、また問題となる事項に応じて、自分の感情、気持ち、思い、考えや意見を、言葉にしたり、態度で示したり、伝える能力、広い意味での問題解決能力を有している。しかし、特に言葉に出すことが難しい年齢、あるいは環境にある場合には、この事例の調査官、冒頭の事例の手続代理人（弁護士）のような専門家が間に入ることが必要である。また子の気持ちを受け止めるだけの心のゆとりが父母にも必要である。

欧米諸国や韓国では、離婚手続に入る前に、父母に対し、離婚が子に与える影響や、子を親の紛争に巻き込まないようにする対処などをガイダンスあるいは教育する。（注2）当事者は必ず受講しなければならない。こうした受講により、親が子に対して離婚の意味や夫婦としては終了するけれども親子の関係は変わらないことを語り、子の疑問、意見を聴き取ることができる端緒となる。日本では、家事調停の前に調査官がガイダンスをしたり、（注3）兵庫県明石市のように、協議離婚届書を取りに来た当事者にパンフレットを手渡し、相談対応もする取り組みが始まっている（本章③4参照）。しかし、義務的な親ガイダンス・教育には至っていない。子の意思を尊重するためには、このような仕組みも不可欠である。

（注1）松江家裁「子の監護を巡る紛争の調査における合同面接の活用について」家庭裁判月報50巻4号（1998）136ページ。

（注2）「父母への情報提供と親教育（ガイダンス）」二宮周平・渡辺惺之編『子どもと離婚～合意解決と履行の支援』（信山社、2016）32ページ以下。

（注3）大阪家裁では、2016年から、離婚調停の申立てがあると、家裁調査官と裁判官が相談して、親ガイダンスの受講を推奨すべき申立人と相手方に対して受講案内を送り、男女別に5～15人、調査官がDVDを使ってガイダンスを90分行う。受講率は30％程度だが、受講者からは好評で、調停成立も増えているという（土方正樹「離婚紛争下での子の心情と父母へのガイダンス」二宮周平編『離婚事件の合意解決と家事調停の機能～韓国、台湾、日本の比較を通じて』（日本加除出版、2018）251ページ以下）。名古屋、鹿児島、京都家裁でも取り組み始めている。韓国、台湾ではすべての家庭裁判所で実施している。

3　子の意見表明権

ドイツの家族法学者ゲルンフーバーは、1962年、「すべての人間が、したがって子もまた権利の主体であり、権利の主体は、たとえ部分的にせよ権利の客体とみなされてはならない」と述べた。裁判所で審理する場合には、①情報を与えられる権利、②発言する権利、③考慮される権利が不可欠であり、個人の尊厳の視点からは、それらを人として当然の権利として子にも保障すべきだとする。（注4）

Having a voice, no choice. カナダやオーストラリアなど英米法圏で語られる共通の表現である。子は声を持っている〔子には考え・意見がある〕、しかし、決めるのは子ではないという意味である。自分で決めたとして子に過重な負担を負わせたり、親の一方を選んだことから親の他方への罪障感を抱かせたりしないように、自由に子に発言させるためである。子にとって重要なことは、信頼できる大人が自分の気持ちを聴いてくれた、一人の人間として接してくれたというプロセスである。どのような判断能力の子であれ、人間としての尊厳がある。自分なりの気持ち、考え、意見があるにもかかわらず、それらを聴かれることもなく、またそれが尊重されることもなく、一方的に親や裁判官が決めてしまうことは、子によっては、無力感、絶望感、あるいは大人や社会に対する不信感を醸成するおそれすらある。

こうした欧米の思想を体現した条約がある。国連子どもの権利条約である。１９８９年、国連第44回総会本会議において、全会一致で採択され、日本政府は１９９４年、世界で１５８番目に批准した。したがって、国内法としての効力も生ずる。その12条1項は次のように定める。

「締約国は、自己の意見を形成する能力のある児童がその児童に影響を及ぼすすべての事項について自由に自己の意見を表明する権利を確保する。この場合において、児童の意見は、その児童の年齢及び成熟度に従って相応に考慮されるものとする。」

すなわち、自分のことは自分で考え、それを述べることに価値を見いだす考え方である。大人が判断したほうが良い結果になるかもしれない。しかし、結果よりも考えるプロセスを重視する。子どもなりの判断、子の意見表明を、子が自立し責任を自覚する人格に、また自由の担い手に成長していく過程と捉える。どんなに些細《ささい》なことでも、またマイナスの結果になるかもしれないことでも、自分で考えたこと、自分の気持ちを取り入れてもらったことについては、守ろう、がんばろう、となるのではないだろうか。

離婚事案に詳しい弁護士から聞いた話である。親の離婚を経験した子が、親の離婚は辛かったが、家裁調査官が自分の気持ちを聴いてくれたことに対して、自分も大切にされているのだと思ったという。子のこうした経験は、自分と同様に意思や希望を持つ他者の存在を認識することにつながる可能性がある。

日本でも、2013年1月から家事事件手続法が施行され、「第五款　家事審判における子の意思の把握等」という表記の下、「家庭裁判所は、親子、親権又は未成年後見に関する家事審判その他未成年者である子がその結果により影響を受ける家事審判の手続においては、子の陳述の聴取、家庭裁判所調査官による調査その他の適切な方法により、子の意思を把握するように努め、審判をするに当たり、子の年齢及び発達の程度に応じて、その意思を考慮しなければならない」（65条。家事調停にも準用される）と定められた。

冒頭の事案は、この規定ができてからの事案だが、この規定に沿った解決をしているだろうか。子は中学生になった。甘えん坊かもしれないが、母との生活、父との生活を経験している。引っ越し、転校のリスクは覚悟の上である。しかし、高裁は子の意思を聴きもしない。君はまだ未熟だ、大人の裁判官が判断してあげる、という保護者としての発想（パターナリズム）が根深い。子の成長・発達に対応して、子の独立性を認め、意見表明を尊重する法意識は、まだまだ家裁の実務には定着していないように思われる。この事案のように父母がそれぞれ子を監護する能力がある場合には、とりあえず子の意思を尊重して親権者を父に変更し、子がやはり母がよいと思えば、また母に変更すればよい。そのうち、子は成人になる。トライ・アンド・エラー、試行錯誤は人生の常である。子には貴重な体験になると思う。

（注４）佐々木健「ドイツ親子法における子の意思の尊重⑴」立命館法学３０２号（２００５）３０４ページ参照。

４　子どもへの情報提供

このように子の意見表明権を保障するためには、ゲルンフーバーも述べているように、情報を与えられることが必要である。子どもの権利条約も家事事件手続法もこの点は不十分である。日本の離婚の87％は協議離婚である。離婚届出用紙に、離婚後の親権者の氏名を書けば受理され、離婚が成立する。当事者が市区町村の役所に出頭する必要もない。紙切れ一枚で離婚できる。こんな国は日本だけである。子との面会交流、養育費の分担について、取り決めの有無をチェックする欄はあるが、チェックしなくても離婚できる。欧米諸国や韓国では、前述のような親教育（ガイダンス）を受けた後で、子との面会交流や養育費分担の合意をしなければ離婚をすることができない。(注5) 合意の形成過程で子に対して現状や今後のことを伝えることが推奨される。

これに対して日本には、親の離婚について、突然切り出され、誰とどこで暮らすのか、学校や友達はどうなるのか、別居親とは会えるのかなど、蚊帳の外に置かれ、不安で一杯の子どもたちがいる。協議離婚ができず家事調停に至れば、家裁調査官が気持ちを聴いてくれることがあり、その際に、現状を知ることも可能になるが、そうでない場合には、何も知らされないまま事態が進行する仕組みである。意見表明権の前提が欠けている。

子には適切な形で情報が伝えられていることが大前提である。まず、親の離婚は子どものせいではないこと、親が離婚したり別々に暮らすことは、特別なことではなく、たくさんの子どもたちが経験していることであり、引け目を感じる必要はないこと、だから、しんどいこと、つらいことを口に出してよいこと、親はこれからも子どもを大切にすること、だから、別居した親も親であり、親子として交流できることなど、子どもが安心できることを伝える。続いて、引っ越し、転校、友達、生活費など、別居や離婚によって生じるさまざまな出来事や変化を伝える。

とりわけ10～12歳以上の子には、基本的な法的情報を提供する必要がある。例えば、親が離婚する場合の手続、家庭裁判所や裁判官、調査官、調停委員、弁護士など専門家の役割、ＤＶや児童虐待への具体的な対応の仕方、親権者、面会交流、養育費、自分の名字など家族の法律の仕組みを知ることができれば、今、自分がどんな立場にあり、これからどのような経過をたどるのか、どのように対応できるのかを予習することができ、突然のことにどうしてよいかわからないという事態、とまどいを避けることができる。特に自分を守ってくれる法的な仕組みがあることをあらかじめ知っておくことが重要である。「知は力なり（Knowledge is power）」である。

他方、家庭裁判所の調停や審判の手続が始まっていても、家事手続外の協議離婚であっても、親が離婚に関して子に伝えるためには、子の年齢に配慮し、理解し得る表現など適切な伝え方を考えるという事前の準備が不可欠である。準備のために、親自身の気持ちの整理が必要である。親が自身の離婚の葛藤から子のために何ができるかに視点を転換する一つの契機になる可能性がある。それは単に子どもに情報を伝え、子どもの声を聴き、その声を尊重するというだけにとどまらず、親子の対話の実現と、対話を通じて、親も子もつらいこと、大変なことを乗り越えていく一歩となるのではないだろうか。

（注５）欧米諸国は離婚は家庭裁判所の判決による。韓国は協議離婚制度だが、家庭裁判所で離婚の意思と子のための協議内容が確認される。裁判所が間に入って当事者の合意形成を促す仕組みである。

5　子どものためのハンドブック

そんな思いを込めて、『子どものためのハンドブック　親の別居・親の離婚』を作成した。(注6) 面会交流支援団体、弁護士・臨床心理士などの専門家、当事者、家裁調査官などの方々のご意見を参考にした。目次は、「親の離婚はあなたのせいじゃない」、「これから起きるいろいろなこと」、「SOSを出してもいい」、「知っておきたい法律のこと」、「声を出そう、でも選ばなくていい」、「はなれても親は親」、「話せる大人をさがそう」、「ひろがる家族、あたらしい家族」(ステップファミリー〈再婚家族〉のこと)、「これからどうなるの?」、「子どものための相談窓口」である。

最終章の「これからどうなるの?」は「Tomorrow is another day」である。「大変なこと、つらいことがたくさんあったでしょう。でも、これからの人生はあなた次第です。あなたが人生の主人公。これだけは忘れないでね。あなたは悪くない、自分の気持ちを言葉にする、分からないことは自分で調べる、相談できる人を見つける」の文章の後に、男の子と女の子が、笑顔で向き合って前へ向いて駆けていくイラストがある。子どもたちへのエールとしたかった。本冊子は子どもが自分で読んでもいいし、親と一緒に読んでもいい。家裁の関係者、面会交流支援団体、弁護士・臨床心理士などの専門家やスクールカウンセラーなどを介して幅広く配付・利用していただくことを期待している。

(注6) 養育支援制度研究会のウェブサイトからダウンロードできる。この小冊子のもとになったのは、ケ

ント・ウインチェスター、ロベルタ・ベイヤー（高島聡子、藤川洋子訳、本山理咲装画）『子どものためのガイドブック　だいじょうぶ！　親の離婚』（日本評論社、２０１５）、カナダで無料配付されている『子どものための別居と離婚案内　次に何が起こるの？』（What happens next? Information for Kids about Separation and Divorce, 2007）（抄訳は、前掲（注２）２８７ページ以下）などである。本冊子は、高島さんの力によるところが大きい。高島聡子「子どもへの情報提供ハンドブック」二宮周平編『面会交流支援の方法と課題』（法律文化社、２０１７）１４８ページ以下参照）。

③「無法地帯」の協議離婚
——世界で一番簡単に離婚できる日本

1　紙切れ一枚の離婚

日本では、夫婦は、その協議で、離婚することができる（民法763条）。日本の離婚件数の87・5％が協議離婚である。家庭裁判所でなされる調停離婚が10％、和解離婚が1・5％、裁判離婚が1％。

協議離婚は、協議離婚届書に必要事項を記載して、夫・妻のどちらかが、あるいは第三者が市区町村の戸籍の窓口に持参したり、郵送し、戸籍係が届書を点検して受理すると、離婚が成立する。夫・妻そろって戸籍係に出頭する必要はない。韓国・台湾・中国も合意のみで離婚できるが、家庭裁判所（韓国）あるいは登録機関（台湾・中国）に当事者双方が出頭する。欧米は裁判離婚なので、双方が法廷に出向く。届書という紙切れ一枚で離婚できるのは日本だけである。世界で最も簡単に離婚できる国である。

双方が出頭しなくてもよいということは、自分の知らないうちに届出がなされ、離婚が成立してしまうことがありうることを意味する。現行制度では、役所に出頭した者が本人かどうか、戸籍係が運転免許証などで確認をする。確認できない場合は、届出を受理した後、遅滞なく、本人の住所に受理したことを通知する。受理によって離婚は成立しているので、協議離婚届に署名した覚えがない人は、裁判を起こして、協議離婚が無効であることを確認してもらう必要がある。費用とお金を考えて裁判をあきらめる人もいる。

こうした勝手な届出を防止する制度がある。離婚届の不受理申出制度である。自らが届け出たことが確認されない限り、離婚届を受理しないよう申し出る仕組みである。１９７６年、法務省民事局の通達で整備され、２００７年から、戸籍法上の制度となった。役所に記入式の離婚届不受理申出の書面がある。必要事項を記載して、戸籍係に提出するだけでよい。本人以外の者が離婚の届出に来た場合には、本人確認によって本人ではないことが明らかになり、離婚届を受理しない。受理していないから、離婚は成立していない。そして本人に、他人からの届出があったことを通知する。２０１８年度、２万７０６０件前後の不受理申出があり、その９割以上が離婚届だといわれている。問題はこの制度を知らない人が多いことである。

もう一つ問題がある。夫婦に未成年の子がいる場合には、子の親権者（父母どちらかの単独親権）を届書に記載しなければならないが、離婚の際の夫婦の財産分与については記載欄がなく、離婚後の親子の面会交流、養育費の分担については取り決めの有無のチェック欄があるものの、記載しなくても離婚することができることである。

子どものことについて、民法は、「父母が協議上の離婚をするときは、その協議で、その一方を親権者と定めなければならない」（819条1項）、「父母が協議上の離婚をするときは、子の監護をすべき者、父又は母と子との面会及びその他の交流、子の監護に要する費用の分担その他の子の監護について必要な事項は、その協議で定める。この場合においては、子の利益を最も優先して考慮しなければならない」（766条1項）とするが、協議で定めよといわれても、情報もなければ、基準もわからない。一体、どうやって定めたらよいのだろう。夫と妻が対等でない限り、相手の言いなりになるおそれさえある。また子どもは、父母の協議の蚊帳の外に置かれ、自分の考えや気持ち、意見を父母に述べる機会が保障されていない。

さらに、日本人と結婚し、離婚に直面している外国人配偶者の問題は深刻である。協議離婚届書は日本語のみであり、かつ届書だけで離婚できる国はないから、例えば、日本人の夫から、子どもの学校に提出するから署名しておいてと言われ、何のことかわからず、とりあえず署名したところ、それが協議離婚届書であり、離婚されていることに後になって気づくことがある。しかも、子の親権者は夫になっており、子どもから引き離されるだけではなく、日本人の配偶者または日本人の子どもの親としての在留資格を失い、国外退去になるおそれすらある。離婚届を受理したことの本人への通知は日本語のみであり、日本語の不得手な外国人配偶者は理解できない。離婚届不受理申出の書面も日本語であり、こうした制度があることを教えてもらう機会もない。

離婚意思の確認、財産分与や子どもへの配慮、外国人配偶者への配慮などすべてが当事者に丸投げされている。当事者自治という名の「無法地帯」。私にはそう思えてならない。

２　なぜ日本は協議離婚制度になったのか

徳川末期から明治初期までの庶民の慣行では、離婚は、自分たちの所属する家族、親族または地域集団の承認を得ることで足りた。明治民法制定過程では、離婚は家の私事であり、一家の恥辱を世間に曝《さら》すべきではないという発想から、届出だけで離婚できるとしたり、扶養料、子の措置、財産の分割などを証書によって定めさせたり、戸籍係が夫と妻の協議が真実であることを確認する仕組みなどが検討されたが、結局は、夫婦の協議で離婚することができ、かつ、戸籍係への届出でよいという現行制度となった。なぜなら、届出制度は家制度にとって好都合だったからである。家風になじまない嫁、後継ぎを産めない嫁を、戸主の判断で離婚の届出をして、追い出すことができたのである。

第二次大戦後、民法改正により家制度が廃止された。協議離婚についても、主として（乙）裁判所の許可を得る案、（丙）協議離婚の廃止案が検討された。しかし、丙案は不採用となり、乙案が承認されたが、結局、改正案には盛られなかった。裁判所に行くとなると、事実上の離婚が増える（面倒で手続きもせず別居する）、裁判官が当事者の真意を確かめるのは困難である、実効性の少ない形式的な確認のために、煩雑な制度を創設することの意義は少ないなどの理由による。

しかし、新進気鋭の若手学者・法曹・議員らによる「家族法民主化期成同盟の決議・修正希望事項」

も、「東京戸籍事務協議会・司法省戸籍委員会東京地区委員会の意見書」も、家事審判所（当時は家庭裁判所ではなく家事審判所が構想されていた）の離婚意思確認ないし許可を要するとしていた。[注1] 前者の理由は、協議離婚の形式の下で、実際には舅《しゅうと》・姑《しゅうとめ》による追い出し離婚が容易に行われてきた弊害を防止するためである。後者は、新民法により、財産分与、親権者や監護者を定めることになったが、感情の疎隔している当事者間では適正妥当に協議することは困難だから、家事審判所で離婚の合意の成立を審査し、その機会に財産や親権者についても適正に協議されたか審査し、協議が調っていない場合には審判所が協議に代わる審判もするのが適当であるとした。

１９４７年11月21日、参議院本会議で、田中耕太郎（法哲学者、後の最高裁判所長官）及び板谷順助の発議、高橋龍太郎ほか61名の賛成者により、家事審判所の確認を経なければならないという修正案が審議に付された。田中は大略次のように説明した。民法には協議離婚制度の濫用を防止するための何らの考慮も払われていないこと、夫のほうで無断で届け出て、妻が知らぬ間に離婚されるなどがたびたび起こっていること、協議離婚を慎重にすることは婦人の地位の保護の見地から考えて特に必要であること、家事審判所は協議が真意に出たかどうかを確認するだけであり、人手不足を理由にするのは、婚姻という事柄の重要性に鑑みて本末転倒であることなどを指摘し、反対理由はいずれも根拠が薄弱であるとし、離婚は一生の重大事である、このくらいの手続を踏むことを面倒がるようでは、まじめに離婚しようという固い決心があるかどうか疑わざるをえない、と主張した。[注2]

１で述べたような協議離婚制度の問題点を正面から見すえている。採決の結果、賛成102名、反対75名で修正案が可決された。しかし、衆議院本会議における再議決により修正案は否決された。結局、明治民法の届出制度が維持された。その後の議論では、離婚の自由を保障する、裁判手続を不要とすることは、時間の節約と低コストであり、家族の自治（プライバシー尊重）にも資するという、現行制度肯定論が多くなった。離婚意思の確認のために、書面による届出ではなく戸籍係に双方が出頭する案、離婚の効果の実効性を確保するために、未成年の子のいる場合には、家庭裁判所が離婚意思及び離婚の効果の内容を確認する案も主張されたが、いずれも法改正までには至っていない。

（注1）我妻栄『戦後における民法改正の経過』（日本評論社、1956）344、347ページ。
（注2）最高裁事務総局『民法改正に関する国会関係資料』（1952）607〜608ページ、こうした経緯については、二宮周平・松本康之監修・協議離婚問題研究会（リコン・アラート）編『無断離婚対応マニュアル〜外国人支援のための実務と課題』（日本加除出版、2019）32〜37ページ参照。

3　韓国の協議離婚制度改革

独立後も、日本統治下の日本の法制度を踏襲することの多かった韓国では、当初、日本と同様の協議離婚制度だったが、1978年、夫からの一方的な「追出し離婚」を防止するために、離婚意思確認制度を導入した。協議離婚をしようとする者は、家庭裁判所で離婚の合意があることの確認を受けなければならない。双方が出頭し、裁判官によって離婚意思を確認されるのである。この確認書謄本を添付して、家族関係登録機関(注3)に協議離婚の届出をする。

その後、女性の地位も向上し、追出し離婚に難渋する当事者は少なくなった。２０００年代になると、離婚の増加や、離婚した父から養育費の支払いを受ける子どもが極めて少ないことなどが問題となった。２００５年、韓国に長く続いていた戸主制（日本の家制度に近似する）が、憲法裁判所から憲法不合致と判決された。戸主制の廃止に伴い、抜本的な家族法改正がなされ、その一つとして、子の福利を守るため、協議離婚制度が改正された。それは、熟慮期間を設けたことと、子の養育事項協議書の提出が義務づけられたことである（２００８年6月22日施行）。

① 協議離婚をしようとする者は、家庭裁判所が提供する「離婚に関する案内」を受けなければならない。離婚に関する法的な情報と、離婚が子どもに与える影響や親としての責任など子の養育に関わる情報の提供（子女養育案内）である。後者はＤＶＤを使う。

② 養育すべき子がある場合には、①の離婚に関する案内を受けた日から3か月内に、その子の養育に関する事項（養育者の決定、養育費の負担、面接交渉権を行使するか否か及びその方法）について、協議しなければならない。当事者は協議書のひな型と解説を参考にする。

③ 家庭裁判所は、対等な協議の難しい当事者には、専門的な知識と経験をそなえた専門相談者の相

談を受けることを勧告することができる。例えば、ソウル家庭裁判所から委託されている韓国夫婦青少年家族相談所では、２～３か月に10回（1回2～3時間）、まずは夫・妻別々に２回ずつ、次に夫婦一緒に４回、最後の２回は子どもも参加して、心理的な相談対応をする。相談所で協議書作成のアドバイスもする。相談にかかる費用は裁判所が負担する。

④　家庭裁判所は、②の協議が子の福利に反する場合には、補正を命じまたは職権によってその子の意思・年齢及び父母の財産状況、その他の事項を参酌して、養育に必要な事項を定める。実際には、書記官が協議書をチェックし、問題のある協議書について調査官と相談し、その協議書の相談を裁判官へつなぐことで、裁判官の負担を軽減している。また養育費負担の合意については、家庭裁判所が強制執行を可能にする調書を作成する。

⑤　こうして②の協議書を家庭裁判所に提出して、はじめて離婚意思の確認を受けることができ、家族関係登録機関に協議離婚の届出をすることができるのである。(注４)

なお韓国は、多文化共生社会を目指しており、離婚に関する案内で配付されるパンフレットは13か国語で作成され、子女養育案内で使用されるＤＶＤは７か国語の字幕つきである。

さらに養育費負担の実効性を確保するための改革として、２０１５年３月から、国の省庁の一つである女性家族部傘下の韓国健康家庭振興院内に「養育費履行管理院」を設置した。七つのチーム、計80名を超えるスタッフが養育費の電話相談を受け、履行請求訴訟や取立手続の代行などを行い、取立てがで

きない場合の一時的な養育費の緊急支援も行っている。(注5)

この瞠目《どうもく》すべき改革は、韓国家庭法律相談所など女性の地位向上及び権利保障に大きな力を発揮してきた女性たちの市民運動・ネットワーク、家族法改正を公約としたノ・ムヒョン大統領、養育費履行管理院設置を国政課題としたパク・クネ大統領のリーダーシップ、ソウル家庭裁判所を中心とした裁判官、調査官、研究者などの専門家集団の連携によるものである。

（注3）日本の戸籍係に相当する。2008年、韓国では、戸籍制度は個人別の家族関係登録制度に改正されている（『多様化する家族と法Ⅰ』33〜34ページ参照）。

（注4）二宮周平・渡辺惺之編『子どもと離婚〜合意解決と履行の支援』（信山社、2016）32ページ以下〔宋賢鍾〕、二宮周平・渡辺惺之編『離婚紛争の合意による解決と子の意思の尊重』（日本加除出版、2014）266ページ以下〔二宮周平〕。

（注5）6か月の立替え給付。1か月20万ウォン（約2万円）、3か月の延長も可。詳細は、二宮周平・金成恩「義務面談、面会交流センターと養育費履行管理院〜離婚紛争解決の入口と出口に関する韓国の新展開」戸籍時報741号（2016）11ページ以下、犬伏由子「韓国・養育費履行管理院の実情と面接交渉支援への新たな取組」戸籍時報757号（2017）2ページ以下。

4　今、日本では

２０１４年４月、兵庫県明石市は、泉房穂市長の肝いりで、協議離婚当事者への情報提供を開始した。協議離婚届書と共に、『お子さんの健やかな成長のために～養育費と面会交流』(「こどもの養育プラン」、「こどもの養育に関する合意書」のサンプル付き)、『親の離婚とこどもの気持ち』、『こどもと親の交流ノート』などのパンフレットを配付している。(注6)全国の協議離婚届書の面会交流取り決めありの割合が63・０％、養育費取り決めありが62・６％だった当時、明石市の場合には、いずれも70％を超えていた。それなりの成果はある。

次に、相談体制の充実である。市役所本庁内で市民相談室のほか、大阪ファミリー相談室の相談員による「こども養育専門相談」などを実施している。さらに、面会交流の場所の提供(明石天文台の無料・優先利用)、面会交流のコーディネート(受渡しや付添い)(２０１６年９月より)、親教育の実施(講座「離婚後の子育てとこどもの気持ち」、毎年１回)、親子キャンプの実施などがある。

葛藤レベルの低い夫婦に対して、適切な情報を提供し、こじれる前に相談対応で子のために紛争解決ができるようになることを目的とする。ＤＶ事案については、配偶者暴力相談支援センターやＤＶ問題に詳しい弁護士グループと連携している。

２０１６年10月、法務省もパンフレット『子どもの健やかな成長のために～離婚後の「養育費の支払」と「面会交流の実現に向けて　子どもの養育に関する合意書作成の手引きとＱ＆Ａ』を作成し、基礎自治体に送付した。これは明石市のパンフレットがもとになっている。しかし、各自治体での取り扱いは定まっておらず、相談対応がない限り、単に配ったり、スタンドに配架するだけにとどまるおそれも高い。

協議離婚届書や解説、パンフレットの多言語対応については、法務省あるいは外務省はまだ着手していない。そこで、とよなか国際交流協会（大阪府豊中市）を事務局とする協議離婚問題研究会が、関西各地の移住外国人支援団体と連携しながら立ち上がり、２０１７年3月、『離婚アラート』を作成した。11か国語版のパンフレットと動画配信である。一方的に協議離婚届が提出され、親権者も勝手に決められてしまうおそれがあること、協議離婚届書に不用意に署名してはいけないこと、不安があれば離婚届不受理届をすることなどを情報提供するものである。(注7)

いずれも現場での処方箋であり、根本的には、協議離婚制度それ自体の改革が不可欠である。例えば、次のような改革である。(注8)

① 協議離婚制度を維持する以上、協議離婚届書を取りに来た市民に対して、基礎自治体での適切な情報提供、相談対応、福祉の案内、多言語対応パンフレットなどが必要である。自治体任せにするのではなく、これらは法務省の責任で作成し、相談員を配置し、その費用は国が出す。

② 未成年の子のいる協議離婚については、家庭裁判所あるいは家庭裁判所が認定した機関（例えば、家庭問題情報センターなど）が親教育（韓国の子女養育案内と同様のもの）を行う。

③　夫と妻が離婚後の子の養育に関する協議書を作成し、家庭裁判所がそれを確認した書面を交付する。協議書の確認作業は、家庭裁判所の書記官、参与員あるいは確認専門員（新設。例えば、定年退職した裁判官や大学教員等を日当で雇用するなど）が行い、裁判官の過度の負担にならないように工夫する。

④　当事者は③の書面を添付して協議離婚届を提出する。

戦後の民法改正の際に提唱されていた改革案を70年を経て、掘り起こすような作業かもしれない。しかし、未成年の子どものいる離婚は、毎年、離婚全体の6割、離婚を経験する子どもは20万人を超える。子どもが親の離婚を乗り越え、自立した大人に成長することを支えるのは、社会の、国の責任ではないだろうか。

（注6）明石市のウェブサイトで、「子ども・教育」→「離婚後の子ども養育支援」でそれぞれダウンロード可能である。なお取り組みについては、福市航介「養育支援のための制度設計」前掲（注4）〔2016〕81～84ページ参照。

（注7）詳細は、二宮・松本監修・前掲（注2）参照。

（注8）金亮完「協議離婚制度の改正」家族〈社会と法〉33号（2017）151～156ページに私案を加えた。なお本格的な分析を加えたものとして、福市航介「協議離婚制度の改善策～プロセス重視型の

制度設計を基礎とした離婚紛争の合意解決」二宮周平・犬伏由子編『現代家族法講座第2巻　婚姻と離婚』（日本評論社、２０２０）１８９ページ以下。

④ 子の視点から親権を考える

1　親権とは何か

民法は、「親権を行う者は、子の利益のために子の監護及び教育をする権利を有し、義務を負う」と定める（820条）。また子の財産を管理し、子のために契約など法律行為について子を代表する（824条）。すなわち、親権とは、子の身上監護（監護教育）と財産管理（代表を含む）を行う権利のことである。権利とはいうものの、放棄したり、第三者に譲渡したりすることができない。そこで、親権の内容は子の保育・監護・教育という「職分」だとする説がある。「職分」というのは、「他人を排斥して子を保育・監護・教育する任に当りうる意味では権利であるにしても、その内容は、子の福祉をはかることであって、親の利益をはかることではなく、またその適当な行使は子及び社会に対する義務だとされることである」とする。(注1)

国連子どもの権利条約（1989年採択）は、本章②で紹介したように子どもの意見表明権を規定する。石川稔教授は、「子どもの権利条約は、子どもを一個の人間として規定し、子に権利の主体性を認めている。それだけにとどまらず、権利主体性を具体化するために、子どもに意見表明権を保障し、自己に影響のある事柄に主体的に参加することを認めている」と指摘した。(注2)

子の権利主体性は、親権の議論にも影響を及ぼす。例えば、「親権は、親の利益をはかるためにではなく、子の利益・福祉のためにのみ行使されなければならないのである。……子を権利主体として承認するという観点からは、従来のように子を単なる保護の対象とするだけではなく、子を人権を享有し権利を行使する主体と位置づけることが要請される。例えば、親権者が身上監護権を行使する（身上監護の職分を果たす）に際しては、子の発達状況に応じて子の意思を尊重することがますます強く求められることになろう」(注3)とする。子は親権による保護の客体ではない。自身に成長発達する権利があり、親権者はこれを支える責任があるという捉え方である。

こうした親権は、父母の婚姻中は、父母が共同して行う（民法818条3項）。他方、離婚の際には、父母の一方を親権者と定めなければならず（民法819条1項）、父が認知した子に対する親権は、父母の協議で父を親権者と定めたときに限り、父が行う(同条4項)。すなわち、単独親権である。これに対して、子の福祉の立場から批判する学説も多い。「離婚により、夫婦の絆は断たれても、親子の監護の絆は断たれてはならない。同様に、父母の未婚（非婚）も親子の監護の絆を断つ理由とならない。子は、いかなる場合にも、父母に対し、監護を求めることができるとしなければならない」とする。(注4)

子どもの権利条約の前文は、「子どもが、その人格の完全なかつ調和のとれた発達のため、家庭環境の下で幸福、愛情及び理解のある雰囲気の中で成長すべきであることを認め」と記し、これを確保する一つとして、7条は、「子どもは……できる限りその父母を知り、かつその父母によって養育される権利を有する」と規定し、18条は、「締約国は、子どもの養育及び発達について父母が共同の責任を有するという原則についての認識を確保するために最善の努力を払う。父母又は場合により法定保護者は、児童の養育及び発達についての第一義的な責任を有する」と規定する。父母による養育を子の権利とするのだから、子は、父母が離婚したり、非婚であったりしても、父母に対して養育を求めることができ、他方、父母は婚姻の如何《いかん》にかかわらず、子の養育について共同の責任があるということである。

それにもかかわらず、現行法は、離婚後及び婚外子の場合に、父母いずれかの単独親権とする。なぜなのだろう。

（注1）我妻栄『親族法』（有斐閣、1961）316ページ。
（注2）石川稔「親子法の課題～子どもの権利条約からみた課題を中心として」『講座・現代家族法3　親子』（日本評論社、1992）5ページ。
（注3）島津一郎・松川正毅編『基本法コンメンタール親族〔第四版〕』（日本評論社、2001）205ページ〔田中通裕〕。
（注4）於保不二雄・中川淳編『新版注釈民法〔改訂版〕』（有斐閣、2003）19ページ〔山本正憲〕。

2　なぜ単独親権なのか

明治民法（1898年）でも、「親権ヲ行フ父又ハ母ハ未成年ノ子ノ監護及ヒ教育ヲ為ス権利ヲ有シ義務ヲ負フ」と定めていた。しかし、家制度の下では、家長である戸主または父が家族を統率した。さらに妻は行為能力が制限されていた。したがって、第一次的には、父が親権を行う。父が知れないとき、死亡したとき、家を去ったとき、その他親権を行うことができないときには母を親権者とするが、母が子の重要な財産行為を代理し、また子の財産行為に同意を与える場合には、親族会の同意が必要だった。離婚後は、そのまま父が親権を行使した。婚外子は、父の認知により父の家に入ると、父の親権に服した。親権者は父であり、父による単独行使が原則だった。

第二次大戦後、1946年7月11日から民法改正作業が始まり、47年12月22日、改正民法が成立し、翌48年1月1日から施行された。この間、日本国憲法の施行に伴う民法の応急的措置に関する法律（1947年4月19日公布。5月3日から12月31日まで効力を持つ）が制定され、妻の無能力規定、家に関する規定、家督相続、夫婦関係規定で両性の本質的平等に反するものの不適用や、成年者の婚姻について父母の同意の不要、配偶者相続権の確立などが規定された。

この法律の6条1項は、「親権は、父母が共同してこれを行う」であり、2項は「父母が離婚するとき、又は父が子を認知するときは、親権を行う者は、父母の協議でこれを定めなければならない。協議が調わないとき、又は協議することができないときは、裁判所がこれを定める」としており、どちらか一方の単独親権とは定めていなかった。したがって、この法律が適用されていた期間内は、離婚後の父母の共同親権が可能であり、新法施行の際に、現に、婚姻中でない父母が共同して親権を行っている場合には、新法施行後も、引き続き共同して親権を行うとされ（昭和22年12月22日法律２２２号（民法の一部を改正する法律）附則1条）、父母の共同親権を前提にした法的処理をした判決も存在した。[注5] 現在の大韓民国民法と同様の規定であり、柔軟な対応を可能にするものである。

しかし、民法改正案の検討過程では異なった提案がなされていた。[注6] １９４６年8月11日、20日の第一次案、第二次案では、1項は、「成年に達せざる子は其の子と氏を同じくする父母の親権に服す」とし、２項は、「親権は父母共に在るときは共同して之を行ふ」とする。婚姻をすれば夫婦同氏となり、子の氏と父母の氏が同じであり、父母が共同して親権を行使することになる。離婚すれば、結婚改姓したほうは旧姓に復するので（離婚復氏という）、子は氏の同じ親、多くの場合は、父の親権に服することとなる。また扶養の順序について、氏の同じ者を異なる者よりも先順位とするなど、氏の異同に重要な法律効果が結びつけられていたため、氏が家と同じ作用をするとして、批判された。

同年10月18日から47年3月1日までの第三次案から第六次案では、1項は「父母が離婚したるときは、親権は父之を行う」とし、例外的に妻の氏を称する婚姻をした場合の離婚については、母が親権を行うとした。2項では、離婚復氏した者が子を引き取って自己の氏を名乗らせたときには、この者が親権を行うことにしており、なお氏の異同と親権の行使を連動させていた。

実は、前述の応急措置法の原案では、「協議で決められないときは父が親権を行う」となっており、GHQ（連合国軍総司令部）から反対され、削除されていた。それにもかかわらず、改正案は父＝親権者を原則としたことから、GHQは厳しく批判した。こうして第六次案に修正が加えられた第七次案で、現在の条文となった。これによって、親権と氏の関係はすべて切り離され（扶養も切り離された）、離婚後は父が親権者という家制度の名残りも払拭された。

しかし、明治民法下で確立されていた離婚後の単独親権という仕組み自体は維持された。当時をふり返った改正案担当者による座談会で、離婚後も父母が子の監護教育について協力し合う関係について、「普通には考えられないことです。立法で手当をする実益があるかどうか疑問ですね」とされている。[注7] 1960年代半ば頃までは、離婚後の親権者は圧倒的に父であり、家の子という意識が残っていた。他方、婚外子の場合には、内縁の夫婦が子をもうけて共同して子育てをする事例は数多く存在したが、法律婚尊重の立場からは、婚外関係を抑止するために、婚外子の相続分差別が肯定されており、[注8] 親権に関して、婚外子について婚内子と同じ処遇をすることは許されなかった。ただし、各国も日本同様の単独親権型だった。

制度は時代を反映する。女性の経済的な自立化、家族の多様化は、離婚後の家族のあり方にも変化をもたらした。単独親権の弊害が指摘され始める。

（注５）東京高裁１９５６年８月３日判決・下級裁判所民事判例集７巻８号２０８３ページ。我妻・前掲（注１）３２４ページ。
（注６）我妻栄編『戦後における民法改正の経過』（日本評論社、１９５６）３００〜３０２、３０９〜３１０ページ。
（注７）座談会「親族法の改正」法律時報31巻11号（１９５９）87ページ〔村上朝一〕。
（注８）相続分に関して、改正案の起草委員は、「民法並びに憲法と致しましては正当な婚姻ということはどこまでも尊重していかなければならない……正当な婚姻に依って生じた子どもと、そうでない子どもの間に於て差等をつけるということはその正当な婚姻を尊重する、それがやがて延て社会問題として、正当な婚姻は奨励するが、そうでない関係は極力禁止していかなければならないという、そういった方針でいかなければならないことは道徳的並びに社会的に於て或は性的にみて当然であろうと思うのでありまして」と述べていた（我妻編・前掲（注６）２８８ページ）。

３　単独親権の問題点と共同親権の可能性

父母間でどちらを親権者とするか協議が成立しなかった場合には、家事調停が行われ、調停も成立しなかった場合には、家庭裁判所が定める。その際に、家庭裁判所はあらゆる事情を総合的に考慮する。例えば、離婚の場合、父母側の事情として、監護能力、監護態勢、監護実績（継続性）、同居時の主たる監護者、子との情緒的な結びつき、就労状況、心身の健康、生活態度、暴力や虐待の有無、居住環境、保育あるいは教育環境、親族等監護補助者による援助の有無、監護開始の違法性の有無、面会交流の許容性などである。(注9)婚外子の場合も同様である。

したがって、父母双方が子の親権者でありたいと思い、調停や審判になった場合には、お互いの監護能力の優劣を争う。そのために過去の言動を事細かに指摘して相手方の人格を誹謗《ひぼう》中傷する、監護実績を作るために子との同居を確保し、別居親に会わせない、実力行使で子を連れ去るといった事態が生じることがある。親権者になれないと、子と会うことができなくなるのではないかという不安が、親権争いをより熾烈《しれつ》にさせる。子は父母の深刻な葛藤に直面し、辛い思いをする。

離婚に詳しい弁護士は、離婚紛争にあっても、「父母がそれぞれ、子に対してその責任や役割をどう果たしていくべきか」と発想する前に、「いずれが親権者として適当か」の熾烈な争いを招く現行法の枠組みは、時代に合わないと指摘する。(注10)

親権者を協議で定める場合も、家庭裁判所が定める場合も、父母が親としての責任を自覚し、子の意思や利益を優先的に考えることができる仕組みが必要不可欠である。親権をめぐって父母が対立し、勝ち負けを決める場から、父母の対立を解消し子の生活をいかに支えるかの方策を見いだす場、離婚後の親子関係の形成へ向けて父母が調整する場への転換である。そのために親権をめぐる争いを激化させない仕組みとして、離婚後も、婚外子の場合も、父母を親権者とし、共同して親権を行使することを可能とする法改正が議論されている。(注11)この法改正は、1で述べたように、子の視点に立てば当然の結論である。子の父母に対する権利及び父母の子に対する責任は、法律上の親子であることに依拠するものであり、父母が婚姻しているかどうかとは関係がないからである。

しかし、共同親権といっても、父母の一方が子と同居して現実の養育者となることが多いことから、日常の養育者、養育費の負担、面会交流の方法、子のために父母が協議する事項などについて合意する必要がある。こうした合意形成が可能かどうか。法的な紛争になるケースは、夫婦間の葛藤が激しかったり、DVで妻がおびえていたりなど、夫婦による合意形成が困難な場合であり、共同親権にすることによって、夫側の要求をより強化させ、母子の生活の安定を阻害するのではないかという危惧も表明されている。

〔注9〕二宮周平・榊原富士子『離婚判例ガイド〔第三版〕』（有斐閣、2015）193ページ。なお子の側の事情として、年齢、性別、心身の発育状況、従来の養育環境への適応状況、監護環境の継続性、環境の変化への適応性、子の意思、父母及び親族との情緒的結びつき、きょうだいとの関係などである。

〔注10〕棚村政行編『〔第2版〕面会交流と養育費の実務と展望』（日本加除出版、2017）165ページ〔山田攝子〕。

〔注11〕本章1（注1）。そのほか、家族法改正研究会による改正案がある（山口亮子「親権法改正要綱案」家族〈社会と法〉33号（2017）58～61ページ）。

4　諸外国の対応

欧米諸国では、父母の子に対する責任は、父母の婚姻関係に左右されないとして、離婚後も、婚外子の場合も、原則として父母の共同監護・共同配慮・共同親責任とし（親権概念を廃止している）、ＤＶや児童虐待など共同親権が明白に子の利益に反する場合は、例外として父母の一方が単独で親権者となる制度を導入する国が増えている。（注12）これらの国々に共通するのは、離婚後、主として子を養育するのは父母のどちらか、養育費をどのように分担するのか、離婚後の面会交流を具体的にどう実現するのか、共同親権とした場合に何を父母の共同決定事項とするのかなどの問題を解決するのは父母であるという視点に立ち、別居・離婚後の親子関係を調整することに注力していることである。つまり、父母の合意による解決を志向している。そのために、父母に働きかけるさまざまな仕組み、例えば、離婚手続に入る前に親教育を行い、必要な人には相談対応を行い、当事者の合意による解決を支援する仕組みを設けている。（注13）

例えば、オーストラリアでは、1995年の改正で、「監護（custody）」「交流（access）」という用語が削除され、別居後に、子に関する権限と責任の大半が一方の親にのみ帰属するという考え方を避けるような用語に置き換えられた。それは「親の責任（parental responsibility）」である。これにより別居・離婚後の親子関係について、父母双方に子を監護養育する同等の責任があることを明確にした。これを前提にして、2006年の家族法改正法は、子が暴力や虐待から保護される必要がない限り、同居していない親の関与をより促進することを目的として制定された。家庭裁判所が判決により事案を解決するのではなく、両親の合意による解決を促進することが目指される。その合意とは、どのような取り決めをすることが子にとって最善の利益となるのか、子が各親と過ごす時間をどのように配分するのかなど（ペアレンティング：parenting）が中心に据えられている。この合意を形成するために、家族関係センターで家族相談員による個別相談、グループ講習（親教育）、家族紛争解決手続（専門資格者による取り決めの支援）を行う仕組みが導入された。(注14)

（注12）床谷文雄・本山敦編『親権法の比較研究』（日本評論社、２０１４）参照。
（注13）二宮周平・渡辺惺之編『子どもと離婚～合意解決と履行の支援』（信山社、２０１６）参照。
（注14）古賀絢子「問題の発見～相談受付とその振り分け」二宮周平・渡辺惺之編『離婚紛争の合意による解決と子の意思の尊重』（日本加除出版、２０１４）２７９ページ以下参照。その後、２０１１年、２０１９年にＤＶや児童虐待からの安全促進を図るために法改正がなされているが、家族関係センターの仕組みには変更はない。

５　日本の課題

日本でも、離婚に際しての親教育、早期の相談対応（心理面を含む）、養育費の確保、面会交流支援団体の活動や公的場所の設置、ＤＶ被害者に対する迅速な保護と加害者に対する矯正・治療プログラムなどの環境整備が必須である。整備にかかる費用は社会が負担すべきである。そのためには、離婚後も、非婚の場合も、子には父母の養育を求める権利があり、父母には子に配慮し、子を援助し、子の成長を見守る責任があることを社会的に定着させていく必要がある。共同親権（私見では共同親責任）の法制化はその一つとなる。戦後改革で取り残された課題に取り組む時期が来ている（立法の動向につき、本章[1]（注1）参照）。

5 児童虐待と親権の規制

1 児童虐待とは

児童相談所（以下、児相）の児童相談の統計では、児童虐待は、①身体的虐待、②保護の怠慢・拒否（ネグレクト）、③性的虐待、④心理的虐待に分類されている。児童虐待の防止等に関する法律（以下、児童虐待防止法）は、より詳しく児童虐待を定義する。

①は、児童の身体に外傷が生じ、又は生じるおそれのある暴行を加えること、②は、児童の心身の正常な発達を妨げるような著しい減食又は長時間の放置、保護者以外の同居人による①③④の行為と同様の行為の放置その他の保護者としての監護を著しく怠ること、③は、児童にわいせつな行為をすること又は児童をしてわいせつな行為をさせること、④は、児童に対する著しい暴言又は著しく拒絶的な対応、児童が同居する家庭における配偶者に対する暴力その他の児童に著しい心理的外傷を与える言動を行うことであり、保護者（親権者、未成年後見人等児童を監護する者）が監護する児童（18歳未満）について行う行為である。(注1)

児童虐待の実態を考慮して、②では、保護者の同居人による虐待の放置、④では、児童が同居する家庭における配偶者に対する暴力（ＤＶ）も児童虐待に当たることが明記されている。私たちの記憶に新しい東京都目黒区のゆあちゃん事件、千葉県野田市のみあちゃん事件では、加害者である義父、実父による母親へのＤＶがあった。子の面前でのＤＶは児童虐待に該当するが、ＤＶは母が子を守ることを困難にすることが多い。

全国２１２か所の児相が児童虐待相談として対応した件数は、15万９８５０件（２０１８年度速報値）、対前年度比19・５％の増加で過去最多となった。統計を取り始めた１９９０年から28年連続で増加している。「児童虐待」が社会的に認知されるようになり、児相への相談が増加したことによる。相談経路は、警察等50％、近隣知人13％、学校等７％、家族７％、福祉事務所５％、他の児相５％などである。

虐待相談の内容別件数は、④心理的虐待55・３％、①身体的虐待25・２％、②ネグレクト18・４％、③性的虐待１・１％である。２０１３年度から④が①を上回り、２０１６年度から50％を超えている。これは、「面前ＤＶ」について、警察が「心理的虐待」に該当するとして児相に積極的に通告したからである。警察からの通告は、２０１６年度に対前年度比42％増で５万件を超え、２０１８年度には８万件近くになっている。

２０１７年度の福祉行政報告によると、虐待者は実母が46・９％、実父が40・７％、実父以外の父親６・１％である。２０１３年度では実父は31・９％だったが、年々増加傾向にある。被虐待児全体の年齢別対応件数は、０〜６歳45・７％、７〜12歳33・３％、13〜15歳14・０％、16〜18歳７・１％であり、修学前の児童など抵抗できない者への虐待が多い。

（注１）トラウマともいう。精神的な傷つきが後になってストレスを生じさせる場合に「心的外傷後ストレス障害（ＰＴＳＤ）」という。

２　児童虐待の特徴

児童虐待から子を守るためには、児童虐待の特徴を知る必要がある。

第一に、家庭という密室で行われるため、虐待が極限に至るまで、表面化しにくいことである。特に性的虐待の場合が深刻である。小学生の女子が父親から性的虐待を受けていたケースでは、女子は児相の職員、家裁調査官の語りかけには応じず、精神科医のカウンセリングを受け、７回目にして初めて口に出した。性的虐待では、虐待を受けている子自身が、初めは可愛がられていると思い、虐待と認識しにくい。子が親の一方に話しても、信じてもらえないことも多い。「否認」の心理といわれるもので、実の親が我が子に対して性的虐待をするなど「あっていいはずがない」→「あって欲しくない」→「あるはずがない」として、否認する。その結果、客観的な事実の探求がなされず、子どもは被害を受け続け、エスカレートしていくおそれがある。（注２）トラウマとして心の底に沈殿し、成人してから性的虐待を受けていたと自覚するケースもある。（注３）

第二に、虐待が加害者の中で容易に正当化され、責任転嫁されやすいことである。児童福祉司の川崎二三彦さんは、虐待をしていると通告された子の保護者は、実際に子がけがをしているような状況であっても、虐待とは認めようとせず、「しつけ」であり、子が約束を破ったからだと言うことがあり、子自身も「僕は悪いことをした。悪い時は二、三発殴らないとあかん」と話すことがあると語る。(注4)

しかし、しつけに体罰（暴力）が伴うときは虐待である。精神科医の森田ゆりさんは、体罰の六つの問題を指摘する。体罰は、①大人の感情のはけ口であることが多い、②恐怖感を与えることで子どもの言動をコントロールする方法である、③即効性があるので、他のしつけの方法がわからなくなる、④しばしばエスカレートする、⑤それを見ているほかの子どもに深い心理的ダメージを与える、⑥ときに、とり返しのつかない事故を引き起こす、である。(注5)

保護者が児童虐待に致る理由は、家庭や職場でのストレス、支配欲、自身が子どもの時に親から虐待を受けており、子への接し方がわからない（虐待の世代間連鎖）などさまざまである。法の役割は、その要因が何であれ、前述の特徴を踏まえて、子を虐待から保護するとともに、子が安心できる親子関係を作り上げることである。

（注2）榊原富士子・池田清貴『親権と子ども』（岩波新書、2017）181ページ。
（注3）不法行為による損害賠償請求権は、被害者が損害および加害者を知ったときから3年間行使しない

とき、不法行為の時から20年間行使しないときは、時効によって消滅する。児童期に性的虐待を受け、20年以上経過した後に、精神科医の診断で、性的虐待によるＰＴＳＤに起因するうつ病であることがわかったケースで、裁判所は、うつ病が本件性的虐待行為に起因すること、したがって、おじが加害者であることを知ったのは、２０１１年２月頃であり、訴え提起が４月だから、時効消滅していないとして、加害者であるおじに対して治療関連費用９１９万９１２６円、慰謝料２０００万円などを認めた。

（注４）川崎二三彦『児童虐待～現場からの報告』（岩波新書、２００６）26ページ。

（注５）森田ゆり『しつけと体罰』（童話館出版、２００３）34～43ページ。

３　虐待から子どもを保護する仕組み

児相は、警察等や近隣知人、学校、家族など虐待を発見した者の通告や相談によって虐待の事実を把握すると、調査を開始して子や保護者を指導し、必要があれば、保護者の意思に反してでも子を一時的に保護する。児相に併設された施設や適切な者に最長２か月間、子を預ける措置で、一時保護という。(注６)その上で、子を親の下に置いたままで保護する（在宅保護）ことが妥当な場合は、保護者への指導を続け、親子を分離する必要がある場合には、保護者の同意を得て、里親に(注７)養育を委託したり、乳児院・養護施設などへ入所させる。保護者の同意がなくても、虐待や著しい監護の怠りがあり、その者に監護させることが著しく子の福祉を害する場合には、児童相談所長は家裁の承認を得て、里親委託や施設への入所措置をとることができる。

２０１６年度、相談対応件数12万２５７５件のうち、①一時保護２万１７５件（16・5％）、②施設入所等４８４５件（４・０％）、②のうち、家裁による入所措置は１９９件（②の４・１％）だった。（注8）

①は前述のように一時的な措置なので、大半は、相談や情報提供、児相等による在宅指導で対応している。②の内訳は、ⓐ児童養護施設２６５１件（54・7％）、ⓑ乳児院７７３件（16・0％）、ⓒその他施設（注9）８５３件（17・6％）、ⓓ里親委託等５６８件（11・7％）、であり、施設入所が9割近い。被虐待児の保護のためには専門的なスキルが必要だが、家庭環境の下で安心して暮らす経験の必要性からは、ⓓを増やすことや、さらにはⓔ特別養子縁組（本章8参照）を受け皿として位置づけるなどの課題がある。

こうした児童福祉法上の措置をより効果的に行い、子の安全を確保するために、児童虐待防止法がさまざまな工夫を定めた。

①　早期発見

学校・施設・病院等の教職員、医師、保健師、弁護士等に早期発見に努める義務を課し、また広く一般国民に「児童虐待を受けたと思われる者」を発見した者は速やかに福祉事務所や児童相談所に通告しなければならないとした。そして、医師、弁護士等の職務にある者については、刑法上の秘密漏示罪（注10）を適用しない。

②　立入調査

児童虐待が行われているおそれがあると認めるときは、児相等の職員は立入調査をすることができ、必要な場合には、警察の協力を得ることができる。また、保護者が正当な理由なく立入調査を拒む場合には、裁判官へ許可状を請求して、住居に立ち入って児童を捜索することができる。

③　親権の制限

養護施設などに入所している子について、保護者から親権に基づいて取り戻しを強く要求されると、施設としては子を親元に帰さざるをえず、その結果、虐待が繰り返され適切な保護を阻害するケースもある。そこで被虐待児について一時保護、里親委託、施設入所などの措置がとられている場合には、児童相談所長は保護者について当該児童との面会や通信を制限することができ、さらに知事は、子どもへのつきまとい、施設近辺でのうろつきを罰則付きで禁止することができる（接近禁止命令、２０１７年改正で適用範囲を拡大）。

（注６）２０１７年の法改正により、２か月を超えて引き続き一時保護を行う場合には、家裁の承認を得なければならない。２０１８年度では、２７６件承認されている。

（注７）家庭環境に恵まれない子を自分の家庭に引き取って養育する、児童福祉法上の制度。要保護児童を養育することを希望する者（里親）は、研修を受けて養育里親名簿に登録され、知事から養育を委託さ

れる。2017年では、登録里親は1万1730人、実際に子を養育しているのは4245家庭、養育されている子は5424人（里親委託率〔施設に入所するなど要保護児童のうち、里親に委託されている子どもの割合〕は15・6％〔欧米や韓国の5分の1から3分の1〕）。

（注8）ほぼ200件前後で推移していたが、2018年度には266件に増加した。

（注9）障害児入所施設、児童心理治療施設、児童自立支援施設である。

（注10）医師、薬剤師、助産師、弁護士などは、正当な理由がないのに、業務上知りえた人の秘密をもらしたときは、6月以下の懲役または10万円以下の罰金に処せられる（刑法134条）。

4　親権のあり方

④で見たように、親権は、「権」と表記されていても、子を監護教育する親の責任を全うするためのものである。それにもかかわらず、1で紹介したゆあちゃん、みあちゃんのように親権者が子を虐待死させる事件が後を絶たない。これらの事件が契機となり、現在、法制審議会民法（親子法制）部会において、親権者の懲戒権、すなわち、「親権を行う者は、第820条の規定による監護及び教育に必要な範囲内でその子を懲戒することができる」という民法822条の見直しが審議されている。「懲戒」は「懲らしめ、戒める」ことであり、身体的、精神的に苦痛を与えることであり、子への制裁につながる。したがって、多少の身体的な暴力、減食や放置（家に入れない、押し入れに閉じ込めるなど）は、監護

及び教育に必要な「懲戒」の範囲内と誤解されるおそれがある。2で述べたように体罰はエスカレートすることが多いのである。誤解を防ぐためにも、懲戒権規定は廃止すべきである。

さらに、根本的に「親権」という表記をやめ、「親責任」とすべきだと考える。国連子どもの権利条約7条、18条にならい（本章4参照）、民法820条を「第1項　子はその父母によって養育される権利を有する。父母は子の養育及び発達について共同の責任を有する。第2項　父母又は法定保護者は子に対して体罰を加えてはならない。」と改めることを提案する。

5　親権の規制

民法には、児童虐待など親権者の親権行使が不適切な場合に、親権を制限する仕組みがある。(注11)

① 親権停止

父や母による親権の行使が困難または不適当であることにより子の利益を害するときには、家裁は親権停止の審判をすることができる。停止は2年以内である。例えば、生後1年の赤ちゃんが手術をしなければ数か月以内に死亡することが予想されるにもかかわらず、親権者が、手術により左右の視力が失われることを知り、障がいを持つ子を育てていく自信がないとして手術を拒んだケースがある。病院から連絡を受けた児相の所長が家裁に親権停止の申立てをすると、家裁は、仮の措置として職務代行者(注12)を選び、職務代行者が手術の同意をすることができる。

② 親権喪失

父や母による虐待または悪意の遺棄があるとき、その他父や母による親権の行使が著しく困難または不適当であることにより子の利益を著しく害するときには、親権喪失の審判をすることができる。親権を行使する者がいなくなるときは、未成年後見人(注13)を選任する。喪失原因がなくなったときには、喪失の審判を取り消すことができる。

③ 管理権喪失

父や母による管理権の行使が困難または不適当であることにより、子の利益を害するときは、管理権喪失の審判をすることができる。例えば、児童養護施設で暮らしている高校生が、卒業後、アパートを借り、就職したいと思っているのに、親権者がこれらに同意しないため、契約を結ぶことができないような場合に、管理権を喪失させ、未成年後見人を選任し、後見人が同意することで対応する。

しかし、これらはあまり利用されていない(注14)。親族関係が希薄になり、関わろうとする親族が減少していること、児童相談所長は、児相の支援による親子関係修復の可能性を考え、親と敵対関係にならないように、申立てを控える傾向があることなどによる。

ところで2011年の法改正により、子が未成年でも判断能力がある場合には、子自身が申し立てることができるようになった。これもあまり利用されていない(注15)。実際に子が家裁に行って申し立てることは難しいので、児相や民間の児童保護団体の職員・スタッフと相談し、児相や団体と連携している弁護士の協力を得て申し立て、手続を遂行することになる。子の権利主体性の視点からは、親権の行使に対する子自身の異議申立てをサポートする必要がある。

（注11）刑法では、虐待した親を暴行罪、傷害罪、強制わいせつ罪、強制性交等罪、監護者わいせつ及び監護者性交罪、それらの未遂罪、保護責任者遺棄罪などで処罰して再発を防止する。13歳以上の者への強制わいせつ、強制性交等は、「暴行又は脅迫」を用いることが犯罪成立の要件だが、18歳未満の者を現に監護する者であることによる影響力があることに乗じてわいせつな行為や性交をした者は、強制わいせつ、強制性交等罪に問われる。暴行又は脅迫を要件としない。２０１７年の法改正で導入された。現在、暴行又は脅迫要件の是非が審議されている。

（注12）家裁は、親権喪失、親権停止または管理権喪失の申立てがあった場合において、子の利益のために必要があると認めるときは、親権喪失などの審判が効力を生ずるまでの間、親権者の職務執行を停止し、またはその職務代行者を選任することができる。児相と連携している弁護士や児童相談所長が選任されることが多い。

（注13）未成年者の監護教育、財産管理を行う権限と責任のある人。親権者は遺言で定めることができる。指定がない場合は、家庭裁判所が親族その他利害関係人の請求によって、未成年後見人を選任する。不

正が行われないように、家裁は未成年後見監督人を選任したり、後見人に後見事務について報告させるなどして監督する。

（注14）２０１８年度で、親権喪失認容28件（認容率21・４％）、親権停止認容79件（同33・５％）、管理権喪失認容２件（同22・２％）。申し立てても認容されないことが多い。

（注15）２０１８年度、子が申し立てた件数は、親権喪失４件（うち認容１件）親権停止27件（うち認容10件）である。審理の途中で取り下げるケースが多い。

6　司法の関与と支援の実効性の確保

３で見たように、家裁は、児相による一時保護の延長、施設入所や里親委託等の措置に対して関与することができる。児相長は、５で見た親権停止・親権喪失等の審判を申し立てたり、8で述べるように特別養子縁組手続の第一段階である特別養子適格の確認審判の申立人または参加人として主張・立証をすることができるなど、児相が家裁の手続に関与することができる。親子分離が必要な場合に、家裁と児相が連携しながら手続を進める仕組みが調いつつある。ただし、この連携は、１で見た相談事例全体の中では少数の、親子の分離が必要なハードケースに限られる。

子にとって必要なことは、親が愛情を持って子を養育し、子が安心して甘えることのできる養育環境である。親の虐待行為を未然に防ぎ、親による養育を適切なものにする仕組みが必要である。現在、各地域に要保護児童対策地域協議会が設けられている。市区町村の子育て支援課、学校・幼稚園・保育所、医師・保健師、児相、弁護士会、警察、民間の子ども保護団体などがメンバーとなり、個別ケースの検討会議で要保護児童への対応や保護者の支援を協議するのである。

しかし、次のように、虐待とまでは言い切れないケースがある。(注16)①精神的に不安定な保護者が幼児（4歳）を養育しており、保育園に2～3週間行かせないことも、生活保護を受けているのに金銭管理がうまくできず、アンバランスな食生活になることも、自宅内が十分衛生を保たれていないこともあり、子はまだおむつをしているという事案で、児相から保護者に対して保育園に通わせることを助言したり、一時的に施設に預けることを提案したりしたが、保護者が従うことはなかった。②保護者の知的レベルが高い反面、子に対して高圧的な態度で接したり、自分の思うとおりに子が行動するよう命令し、これに従わなければ叱責したり、子と十分なコミュニケーションを図ることなく放置したりするが、自分の養育方法に自信があり、児相の指摘を軽視して不適切な養育を継続する。①②いずれも、親子分離をしなければ子の安全が著しく害されるとまではいえないが、子の健やかな成長発達や自立にとって適切な環境とはいいがたい。

こうしたケースで児相の指導の実効性を高める方法はないだろうか。2017年の児童福祉法改正で、保護者指導の事前勧告制度が導入された。(注17)児相長が家裁に対して施設入所や里親委託等の措置の承認を申し立てる場合、家裁が審判前に都道府県に対して保護者指導を勧告するとともに、保護者に対して、都道府県に勧告した旨を通知する方法である。この方法であれば、家裁は児相が提出する保護者指導の報告結果を考慮して、入所措置等の承認または却下の審判を出すのだから、保護者が子と暮らしたいと思えば、児相の指導に従う可能性が高まる。（注18）指導に従わなければ、施設入所等の措置になり、さらには、里親や養子縁組、特別養子縁組へと保護の段階が上がっていくシステムである。児相と司法の連携をより拡大する必要があるように思う。

（注16）2016年11月14日「第6回　児童虐待対応における司法関与及び特別養子縁組制度の利用促進の在り方に関する検討会」において、藤林武史・久保健二構成員が提出した資料3「構成員提出資料」より。

（注17）二宮周平「2017（平成29）年改正児童福祉法の意義～保護者に対する指導への司法関与」子どもの虐待とネグレクト21巻3号（2019）315ページ以下。

（注18）福岡家裁2019年8月6日審判・家庭の法と裁判26号109ページは、審判前の指導措置の勧告を行い、親権者母が指導を受けている状況を踏まえて、児相長からの施設入所の申立てを却下するとともに、引き続き児相に指導措置を採るべき旨の勧告をした。審判前の指導勧告を行った最初の公表例である。

6 子の父は誰か
――嫡出否認権を妻と子に

1 何が問題なのか

2017年11月29日、嫡出否認権を夫にしか認めない民法の規定を違憲として争った事案の判決があった。民法では、妻が婚姻中に妊娠（法律用語は「懐胎」。以下、懐胎という）した子を夫の子と推定し（772条1項。嫡出推定という）、婚姻中に妊娠したかどうかの証明が難しいこともあるので、婚姻の成立から200日経過後、または婚姻解消の日から300日以内に出生した子は、妻が婚姻中に懐胎したものと推定する（同条2項）。したがって、離婚後、再婚して子が生まれても、それが離婚後300日以内であれば、子は前夫の子と推定される。この推定を覆すことができるのは、前夫だけである。しかも、子の出生を知って1年以内に、嫡出否認の訴えを起こす必要がある（777条）。

この事案では、原告の女性Aは、夫から継続的に暴力を振るわれていたことから、夫の下を離れ、別居するようになった。その後、男性Bと交際し、Bの子Cを出産した。Aが婚姻中に懐胎した子なのだから、前述の規定によれば、子は夫の子と推定される。したがって、戸籍係は夫を父とする出生届しか受理しない。夫が戸籍筆頭者であるため、子は夫の戸籍に記載される。Aは夫に子の存在を知られることを恐れ、Cの出生届をすることができなかった。子は無戸籍となった（本章7 2参照）。

法務省は、2014年9月から2019年6月10日までの累計で2407人の無戸籍者を確認した。このうち、無戸籍が解消された者1577人、今も無戸籍が830人である。無戸籍者の49・5％が4歳以下の児童であり、無戸籍の理由の78・2％が夫または前夫の嫡出推定を避けるためである。無戸籍者の母の婚姻状況は、婚姻中に子が出生し現に婚姻継続中が13・9％、婚姻中に子が出生し現在は婚姻解消が11・3％、離婚後300日以内の出生が55・5％である（法務省発表）。

もし妻に嫡出否認の訴えを起こす権利（嫡出否認権）が認められていれば、この権利を行使して、夫と子の法律上の親子関係を消滅させることができる。夫の戸籍に記載されないことから、子の出生届を出すことができたとAは主張する。父子関係の当事者である子にも、子を出産した妻にも否認権を認めない現行法に問題はないのだろうか。

2　なぜ夫だけに嫡出否認権を認めたのか

現行制度のもとである明治民法について、法案の起草者は、夫にのみ否認権を認めた理由として、真に直接の関係者であって、また推定が当たっているかどうかを判断できる地位にあるのは夫だけだと述べ、子の利益から見れば子にも同じ権利を認めてもよいが、母の姦通を証明しなければならないという弊害も起こることを指摘していた。また、別の起草者は、母に否認権を認めると、母は姦通または私通をしたことを主張することになる、不品行を法廷で主張する権利を与えることは害あって益なし、ゆえに夫にのみ否認権を与えたと記していた。(注1)

確かに妻に否認権を認めれば自らの姦通を、子に否認権を認めれば母の姦通を訴訟で主張・立証することになり、公序良俗に反するかもしれない。しかし、夫が否認権を行使する場合も、妻の姦通を主張・立証することになるのだから、事態は同じである。結局は、否認権の行使を夫に委ねて夫の体面を守り、妻や子は夫の意思に従うべきであるという父権的な考え方である。(注2)妻は自分の産んだ子について、夫が父であるか否かを述べる機会を保障されない。不貞の妻に対する制裁のようであり、まるで妻は子を産む道具であるかのような扱いである。言い過ぎだろうか。

（注1）梅謙次郎『民法要義　巻之4　親族』（有斐閣書房、1901）245ページ。
（注2）我妻栄・立石芳枝『親族法・相続法』（日本評論社、1956）163ページ。

3　判例・家裁実務による工夫とその限界

婚姻成立から200日経過後または離婚から300日以内に子が出生した場合、夫（前夫を含む。以下同じ）は、子の出生を知って1年以内であれば、嫡出否認の訴えを起こし、遺伝子鑑定等を用いて自分と子との間に血縁関係が存在しないことを証明して、子との法律上の親子関係を否定することができる。夫が否認権を行使しない場合には、否認の訴えができる期間（出訴期間）の経過によって、子との法律上の親子関係は確定する。夫自身も含めてもはや誰も争うことができない。判例および家裁実務は、こうした現行制度の厳格さを緩和し、血縁に基づかない親子関係を否定することのできる範囲を広げる解決を試みてきた。

最高裁は、妻が妊娠した時点で、夫婦が長期別居など事実上の離婚状態にあったり、夫の遠隔地居住（出征、収監、海外単身赴任等）のため、外観から夫婦の実態がない場合には、民法７７２条を適用しないとした。[注3] これを外観説という。利害関係のある人は、いつでも誰でも、夫と子との間に法律上の父子関係が存在しないことを確認する訴え（親子関係不存在確認の訴え）を起こすことができる。夫は出訴期間を経過していても、妻や子は否認権者ではなくても、親子関係不存在確認の訴えを使うことができる。

ただし、妊娠期に事実上離婚状態にあったことなどを証明しなければならない。夫から証言などの協力を得られない場合、あるいは夫と関わりを持ちたくない場合には、この証明は難しい。

他方、嫡出否認、親子関係不存在確認などの人事訴訟は、裁判の前に必ず家庭裁判所において家事調停をする。調停で夫と妻の間で親子関係が存在しないことに合意し、かつ、家裁に親子関係不存在確認の審判[注4]をしてもらうことに合意した場合には、家裁が遺伝子鑑定を実施し夫と子との間に血縁がないことを明らかにして、親子関係不存在確認の審判をすることができる。ただし、夫が子への愛着や妻への嫌がらせなどから、これらに合意しなければ、この手続を利用することはできない。判例・家裁実務による工夫には限界がある。

（注３）最高裁１９６９年5月29日判決・最高裁民事判例集23巻6号１０６４ページ、最高裁２０１４年7月17日判決・最高裁民事判例集68巻6号５４７ページなど。

（注４）家庭裁判所が家事事件または少年事件についてする手続で、非公開である。

４　夫と妻の対等性

妻は、法律上の父子関係の成否について重大な利害関係を持つ。例えば、夫と別居や離婚をした後で、妻が子の血縁上の父と同居や婚姻をしたり、シングルマザーとして家族や友人の協力を得て子育てをすることを選択するなど、誰と家庭生活を営み、誰と子育てをするのかは、母としての生き方、幸福追求に関わることであり、かつ、いかに子どもの利益を確保していくかという母の責務に関わる。

しかし、妻は、夫と子との間に血縁関係がないことを知っており、夫を子の法律上の父とすることに納得がいかなくても、夫が嫡出否認権を行使しない限り、妊娠時期に事実上の離婚状態にあったなど判例の外観説に該当する事実を証明できない場合、あるいは夫が親子関係不存在確認の調停で親子関係の不存在に合意しない場合には、夫と子の法律上の父子関係を否定することができない。夫の否認権不行使に対して異議を述べることができないのである。血縁上の父と子と共に家庭生活を営んでいても、離婚が成立していない場合には、法律上は夫を共同親権者として受け入れなければならない。離婚が成立した場合でも、法律上の父は前夫であることから、母は子の血縁上の父を法律上の父とし、共同親権者とすることができない。(注5)

これに対して、夫は出訴期間内であれば、血縁関係の不存在を証明するだけで、父子関係を否定することができる。子を扶養する義務を免れ、妻と離婚して新しい家庭を形成することができる。父子関係に重大な利害関係を持つ妻と夫の間に著しい不平等をもたらしている。

(注5) 実の父を共同親権者とするためには、実の父と子が養子縁組をする必要がある。実子であるのに、養子にするという不自然な形態になる。

5 父と子の対等性

子どもの権利条約は、その前文において、「児童が、その人格の完全なかつ調和のとれた発達のため、家庭環境の下で幸福、愛情及び理解のある雰囲気の中で成長すべきであることを認め」と記し、これを確保する一つとして、「児童は、出生の後直ちに登録される。児童は、出生の時から氏名を有する権利及び国籍を取得する権利を有するものとし、また、できる限りその父母を知りかつその父母によって養育される権利を有する」と規定する（７条）。子には「その父母によって養育される権利」がある。ここでいう「父母」として、法律上の父母と血縁上の父母が一致しない場合が問題となる。夫が嫡出否認権を行使しないことについて妻も合意し、夫と妻が父母として共同して子を養育している場合には、この法律上の親子関係を維持することが子の利益にかなう。(注６)

しかし、父母としての共同性がなく、妻が子の血縁上の父と子を養育している場合には、血縁関係があり、現実の養育者である者を父とすることが、条約の趣旨に合致する。また、子どもの権利条約が子の父母を知る権利を規定しているように、血縁上の父との関係は、子のアイデンティティの確立にとっても重要である。

最高裁２０１４年７月17日判決の金築誠志裁判官の反対意見は、「血縁関係にある父とそうでない父とが現れている場面においては、通常、前者の父子関係の方が、より安定的、永続的といってよいであろう。子の養育監護という点からみても、……Ｂ（前夫又は夫：引用者注）が子の養育監護に実質的に関与することは、事実上困難であろう」と指摘し、血縁関係のないＢとの法律上の父子関係が残ることは、「子の生育にとって心理的、感情的な不安定要因を与えることになるのではないだろうか」と述べ、この事案でＢに対する親子関係不存在確認の訴えを認めないことは、子から血縁上の父を法律上の父にする権利を奪っているという面があることを軽視すべきでないとする。

しかし、現行の嫡出推定制度は、嫡出否認制度と一体化することによって、子と血縁関係のない者

（夫）を法律上の父として子に強制する。子から、血縁上の父との間に法律上の親子関係を成立させる機会を一方的に奪う。こうした制度は、父母により養育される権利、アイデンティティという子の人格的利益を侵害する。

父は出訴期間内であれば、父子関係を否定することができるのに対して、子は、同じ父子関係の当事者であるにもかかわらず、否定する機会がない。その結果、前述したような利益や権利を確保することができない。父と子の間に著しい不平等をもたらしている。

（注６）第三者の精子提供による人工授精を夫が同意している場合などがその典型である。

６　神戸地裁判決

神戸地裁２０１７年11月29日判決は、嫡出否認権を夫のみに限っている現行規定について、憲法14条1項、24条２項に違反しないと判断した。[注７]「生物学上の父との間の父子関係と法律上の父子関係を一致させる要請を重視すれば、父、妻および子のいずれが権利を行使した場合であるかに関わらず、父子関係をめぐる紛争の発生により、法律上の父子関係が確定されず、父子関係を早期に確定して身分関係の法的安定を保持することとは相反する結果を生む可能性がありうる」とする。しかし、早期確定の必要性は、出訴期間を限定することとの根拠であり、夫のみに否認権が認められることとの理由にはならない。

妻や子に否認権を認めても、出訴期間を限定すれば、早期確定ができるからである。

本判決は、妻は適切に懐胎の時期を選択すれば、否認の必要性は生じない、夫と離婚し自分が親権者になり、生物学上の父と再婚し養子縁組をすれば、生物学上の父と共同親権を行使することが可能になる、妻が否認をした場合、生物学上の父の認知が受けられず、法律上の父子関係が成立しないことがありうるなどと指摘し、否認権を認めないことに合理性がないとはいえないとする。しかし、夫が否認する場合には、子の法的地位の確保を問題にしない。本判決には、夫と妻の対等性という視点が欠けている。

本判決は、子について、子に意思能力（法的な判断能力）がない場合、妻が子を代理して訴えを起こすことができるとすれば、妻に嫡出否認権を認める場合と同様の問題が生じ、子の成長後に訴えを認めるとすれば、それまで生じた法律関係が最初からなかったことにされ、身分関係の法的安定を害することを理由に、否認権を認めないことに合理性がないとはいえないとする。しかし、成長後に子が否認権を行使するとすれば、それは家庭の平和や父子の関係性が破綻しており、夫を法律上の父とすることに子が納得できない場合である。こうした子の意思よりも法的安定を重視する理由は説明されていない。

私は、妻に嫡出否認権を認める理由として、誰と子育てしていくかという母としての生き方、幸福追求に関わることをあげた。また、子に認める理由として、夫妻の間に父母としての共同性がない場合には、血縁上の父を法律上の父として確保することが、子の養育環境を安定化させ、アイデンティティという人格的利益を保障することをあげた。しかし、本判決は身分関係の法的安定を強調する。制度を守れば子の利益が保障されるとは限らない。本判決には多様な現実に対応しようとする姿勢がないように思われる。

（注7）控訴審（大阪高裁2018年8月30日判決）も合憲とした。また、東京地裁2018年3月13日判決、東京高裁2018年9月27日判決も合憲とした。これらを検討したものとして、二宮周平「夫のみの嫡出否認権規定を合憲とした2つの裁判～原告の問題提起に応えたか」ジェンダー法研究5号（2018）175ページ以下がある。

7　今後の展望

諸外国に目を向けると、例えば、韓国は、嫡出否認権を妻に認め（大韓民国民法846条）、台湾は、妻と子に認め（中華民国民法1063条2項）、ドイツは、父子関係を争う権利を妻、子、血縁上の父に保障し（ドイツ民法1600条1項）、フランスは、親子関係を争う権利を、出生証書に合致する身分占有（注8）がある場合には、子、子の父母の一方、真実の親、身分占有がない場合には利害関係を有するすべての者（フランス民法333条、334条）に認める。各国とも家族の実態の変化に対応し、法改正により、子に血縁上の父を法律上の父とする機会をより広く保障する法改正を行っている。日本も法改正に着手すべき時期に来ている。その際には、あわせて離婚後300日以内に生まれた子を前夫の子と推定する規定を改めるべきである（本章7 3参照）。例えば、「妻が婚姻中に出生した子は、夫を父とする」などの規定であれば、離婚後に生まれた子について前夫が父と推定されないので、嫡出否認の訴えをする必要がない。

韓国には憲法裁判所制度がある。憲法裁判所は、夫のみの否認権について憲法不合致と判断し、法改正に導いた。さらに、2015年4月30日、離婚後300日以内に生まれた子を前夫の子と推定する規定について、妻に嫡出否認の訴えを起こすことを強制する結果となることを指摘し、「母が、家庭生活および身分関係において享受すべき人格権および幸福追求権、個人の尊厳と両性の平等に基づいた婚姻と家族生活に関する基本権を侵害する」として、憲法不合致判決を出した。(注9) その後、2018年2月の韓国民法改正は部分的な修正にとどまったが、(注10) 右の判決理由は日本法の解釈に当たっても参考になるものと考える。

（注8）子が、ある者から生まれたと思わせる明確な社会的事実から、子とその者の間の親子関係を法律上推定する考え方である（フランス民法311条の1）。

（注9）金亮完「韓国民法嫡出推定規定の一部についての憲法不合致決定――『婚姻終了後300日以内に出生した子』の違憲性」戸籍時報727号（2015）9～14ページ。二宮周平「夫のみの嫡出否認権

と嫡出推定制度（2・完）」戸籍時報744号（2016）6～9ページ。
（注10）その内容と問題点につき、金成恩「韓国憲法裁判所の憲法不合致決定と嫡出否認権・嫡出推定に関する法改正」ジェンダー法研究5号（2018）218～222ページ。婚姻終了後300日以内に出生した子は婚姻中に懐胎したものと推定する規定を維持した上で、母又は母の前夫は家庭法院に嫡出否認の許可を請求することができ、家庭法院は科学的な方法による検査の結果又は長期間の別居等その他の事情を考慮して許可の可否を定め、許可を受けた場合には、嫡出推定が及ばないとするものである。ただし、前夫によって婚姻中の子としての出生の届出がされている場合には、嫡出否認許可請求をすることができない。金論文は、前夫の意思に左右される点、嫡出否認許可請求手続をとらなければならない点など、依然として離婚して新たな家庭を形成しようとする母の幸福追求権を侵害していると批判する（同222ページ）。

⑦ 戸籍のない人
――法制度の問題と地方自治体の取り組み

1 戸籍と人の生存

天皇・皇族は別として、戸籍のない日本人がいる。法務省が把握した戸籍に登録されていない者（無戸籍者）の数は、前述のように２０１４年９月から２０１９年６月10日までの累計で２４０７人である。市区町村の窓口で把握できた無戸籍者を地方法務局に通知したものであり、窓口で把握できていない無戸籍者もいるので、実数はもっと多いと思う。

ところで戸籍があろうとなかろうと、人は生きている。生きていれば、権利義務の主体である。学校教育を受け、職業に就き、預金口座やカードを作り、税を払い、家を借り、土地を所有し、社会保障や行政のサービスを受ける権利があり、好きな人と結婚し、自分の子をもうけることができる。

戸籍は個人の属性と家族関係、国籍を公証する手段にすぎない。それなのに、戸籍がないことから、学校に通えない、運転免許もとれない、健康保険にも入れない、銀行口座やカードも作れないなどと思い込んできた。確かにパスポートの取得や婚姻の届出には戸籍抄本が必要である。しかし、日本人であれば、日本のパスポートを取得できなければおかしい。婚姻の成立要件は婚姻の届出であり、戸籍抄本は婚姻適齢や重婚禁止、近親婚などをチェックする手段にすぎない。本来可能なことを戸籍抄本がないから手続できないというのは、本末転倒である。

ただし、国籍・氏名・年齢・家族関係などを個別に証明するのは大変な作業である。戸籍に登録されていれば、これらを簡単に証明することができ、安心して社会で生活することが可能になる。たかが証明、されど証明である。

だからこそ、国連子どもの権利条約7条は、「児童は、出生の後直ちに登録される。児童は、出生の時から氏名を有する権利及び国籍を取得する権利を有するもの」と規定する。登録とは、日本では戸籍、韓国では家族関係登録簿、欧米では出生証明書である。登録するためには、氏名が必要であり、登録されれば、国籍の取得を証明することができる。登録、氏名、国籍は三位一体であり、子どもの権利条約は、これをすべての子の権利とする。

どこの国でも登録のためには出生届が必要である。したがって、戸籍のない日本人とは、出生届をされていない人である。それではなぜ出生届がなされないのだろう。(注1)

(注1) 井戸まさえ『無戸籍の日本人』(集英社、2016)、秋山千佳『戸籍のない日本人』(双葉新書、2015)など参照。

2　離婚後300日問題――民法772条から生ずる戸籍のない子

無戸籍者として把握できた人の78・2％が、民法772条の嫡出推定規定が原因で出生届を出していない（本章⑥1参照）。

民法772条は、妻が婚姻中に懐胎した子を夫の子と推定し（1項）、婚姻の成立から200日経過後、または婚姻解消の日から300日以内に出生した子は、妻が婚姻中に懐胎したものと推定する（2項）。婚外子の場合、父が子を認知してはじめて法律上の父子関係が生ずるのに対して、婚内子（嫡出子）の場合、嫡出推定規定により、子は出生の時点で自動的に法律上の父子関係が生ずる。父が死亡したり、父母が離婚しても、死別・離別から300日以内の出生であれば、前夫を父として推定し、法律上の父を確保する。したがって、子の保護になる規定だと認識されてきた。

しかし、実際には夫の子でない場合がある。①夫は、②子の出生を知って1年以内に、③嫡出否認の訴えによって、嫡出推定を覆し、法律上の親子関係を否定することができる（民法774条、775条、777条）。夫が否認権を行使しないまま②の期間が経過すると、子と夫の間に血縁関係がなくても、法律上の親子関係が確定する。

以上のことから、問題が生じる。例えば、(ア)夫のDVから逃れるために妻が家を出る。その後、親切な男性と出会い、親密になり、懐胎し、出産する。しかし、民法772条によれば、妻が婚姻中に懐胎したのだから、子の法律上の父は夫になる。

(イ)夫婦仲が円満を欠き、別居し、さんざん交渉してようやく協議離婚が成立する。妻は交際中の男性の子を宿しているので早く再婚したいのだが、離婚後100日は再婚ができない。[注2]でも彼と暮らし始め、100日が経過し、再婚できたものの、子が離婚後300日以内に生まれると、民法772条により、子の法律上の父は前夫になる。

ところで出生届には、ⓐ子が生まれた所、ⓑ住所（子の住民登録をするところ）、ⓒ父母の氏名、ⓓ届出人の住所などを記載する。法律上の父は、(ア)では別居中の夫、(イ)では前夫だから、父欄にはその氏名を書かなければならない。血縁上の父の氏名を記載しても、出生届は受理されない。そして子は(ア)では夫、(イ)では前夫の戸籍に記載される。

母親としては子の父が誰かわかっているだけに納得がいかない。特にDVが原因で別居・離婚に至ったような場合には、夫・前夫が戸籍を見て事実を知り、出生届を閲覧して（戸籍法48条2項）、ⓑやⓓの記載から妻・前妻の所在を把握するおそれがある。こうして母親の中には、出生届をしない者もいる。[注3]本来、子の保護のための嫡出推定規定が、子の出生届を妨げる結果を招いている。

（注2）2016年6月、再婚禁止期間を6か月から100日に短縮し（民法733条1項）、婚姻解消時に懐胎していなかった場合には、1項を適用しないとする改正がなされた（同条2項）。

（注3）毎日新聞社会部『離婚後300日問題：無戸籍児を救え』（明石書店、2008）参照。

3　司法と行政の対応の限界と法改正の方向性

出生届に夫・前夫の氏名を記載したくない場合には、嫡出否認の訴え、親子関係不存在確認の訴え、認知の訴えなどの裁判手続をとり、夫・前夫と子の法律上の父子関係を否定する審判や裁判の結果が出るまで、出生届を待ってもらうことができる。一時的に無戸籍の状態になるが、その間、住民票の作成が可能である（平24・7・25総行住74号通知）。しかし、本章6で記述したように夫・前夫の協力が得られない場合には、裁判手続を行うことは難しい。

法務省は、離婚後３００日以内に子が出生した場合に、医師が作成した「懐胎時期に関する証明書」（離婚後の懐胎であることの証明）を添付すれば、現夫の子または婚外子としての出生届を受理すると した（平19・5・7民1第１００７号民事局長通達）。しかし、離婚後の懐胎でない場合にはこの通達は適用されない。

勝つか負けるかわからない裁判手続を経たり、プライバシーに関わる証明書を添付しなくても、安心して母が子の出生届をすることができる制度、子と血縁関係にある父を法律上の父として、子のアイデンティティを確保し、成人するまでの養育を保障する制度にすべきと考える。そのためには民法改正が必要である。(注4)

例えば、民法７７２条１項を、「妻が婚姻中に出産した子は、夫の子と推定する」といった内容にすれば、離婚後、再婚して生まれた子は現夫の子と推定されるので、２(イ)の問題は解決する。また嫡出否認権を妻と子にも認める内容にすれば、子の出生から1年間は、妻は、夫と子の間に血縁関係がないことを証明して、法律上の父子関係を否定し、その上で血縁上の父に認知してもらうことができるので、２(ア)の問題も解決する。そもそも子を出産し、法律上の父子関係に重大な利害関係のある妻に、嫡出否認権が認められていなかったこと自体が憲法の平等原則に反している。

（注４）２０１９年９月、法制審議会民法（親子法制）部会が立ち上がり、無戸籍者問題を解決する趣旨から、嫡出推定制度に関する規定の見直し審議が始まった。離婚後３００日以内に生まれた子を婚姻中懐胎と推定する規定を維持するかどうか、また、母や子を否認権者とするかどうかが争点になっている。

４　親の社会的孤立と行政の支援

ＮＨＫの番組「クローズアップ現代」は、２０１４年５月、２０１５年２月と二度にわたり、「戸籍のない子どもたち」を取り上げた。朝日新聞２０１４年７月８日は、第一面のトップに「無戸籍17年誰も知らない　親に隠され学校行けず」、続いて裏面に「22歳、僕は翔太になった　父と車で生活　独りになって得た戸籍」との見出しで無戸籍者問題を掲載した。無戸籍の子どもや大人の存在が知られ、社会問題になった。

通常であれば、妊娠がわかれば検診を受け、母子健康手帳を受け取り、出産すると保健師が関わり、新生児検診などを行う。出生届の有無はこの過程で確認可能である。しかし、親が社会的に孤立していたり、育児放棄などをしているために、このルートに乗らないことがある。また2の嫡出推定規定のために出生届を出さない親に対しても、前述のような法的な手段を講じることが可能なのだが、戸籍がないことを隠し、表に出ないために、支援を受けることができない。

こうした事態に対応して、2014年7月、法務省はさまざまな無戸籍者を把握できるように市区町村の窓口情報を集約する取り組みを始め、ウェブサイトに無戸籍者が戸籍を作成するための法的手続のQ&A案内を掲載した(注5)。2015年6月には、法務省内で、無戸籍者問題解消のための認識を共有化し、連携を強めるために、無戸籍者問題解消に当たり中心的な役割を担う民事局に加えて、人権擁護局、司法法制部からなる「無戸籍者ゼロタスクフォース」が立ち上がった。また、日弁連との間でも事務レベルの協議を開始した。日弁連は、同年11月11日、「全国一斉無戸籍ホットライン」による無料相談を実施した。当日は、96人からの電話相談があり、例えば、子ども本人から「自分が無戸籍者だとわかったが、父母はなぜ自分が無戸籍なのか教えてくれない」、小学校の先生から「無戸籍の児童を祖母一人が育ててきたが、祖母が亡くなってしまった、母は行方不明、どうしたらよいか」などの相談があったという(注6)。

（注5）法務省ウェブサイトで検索できる。法務省〈インフォメーション〉無戸籍の方が自ら戸籍に記載す

るための手続等について。

（注6）山崎耕史「戸籍行政をめぐる現下の諸問題について」戸籍時報特別増刊号739号（2016）23ページ。

5　無戸籍状態の解消

無戸籍状態を解消する方法として、①父または母による出生届、②出生届未了の場合の就籍届がある。①の場合、出生後14日以内に届け出る義務があり、この期間を過ぎると過料（上限5万円）に処せられることがある。(注7)

①が困難な事案は②による。②は、家庭裁判所の許可により、本籍を有しない者について本籍を設け戸籍に記載するための手続である。無戸籍者は、15歳に達すれば、本籍を定めようとする地を管轄する家裁に対して、就籍許可の審判を申し立てることができる。家裁は、ⓐ日本国籍を有することが明らかに認定される者について、ⓑその者の戸籍がないことを確認した上で、就籍許可の審判をする。当事者が戸籍窓口に就籍届書及び審判書の謄本を提出することによって、新戸籍が編製される。

就籍許可申立事件は、1955年には7456件あり、戦災孤児の事案が多かったものと推測されるが、その後、減少の一途をたどり、2018年の申立ては147件、審理の終了した136件中認容67件、却下12件、取下52件である。認容率が低い（49・3％）。ⓐⓑの証明が問題となるからである。例えば、日本人らしい容貌等のほか、出生後の居住国や監護養育者などが重要視されている。外国人が日本人の無戸籍者になりすまして日本国籍を取得することを危惧しているのかもしれない。無戸籍者が高度なパソコン技術を習得していたり、コミュニケーション能力が高いことに対して、本人が述べる生い立ちや学校に通っていないことから、「不自然」「不可解」と判断する裁判官もいる。(注8) 法務省ウェブサイトでは、就籍は、無戸籍者をなくす最終的な方法として活用されることが予定されている。司法を含めてあらゆる部署がこの方針を尊重すべきではないだろうか。

（注7）前夫の暴力から逃れていたため、娘の出生届を出さず、33年後、娘のために前夫との離婚手続をとり、意を決して出生届をした事例では、過料に処さない決定がされている（横浜地裁2016・1・19決定・未公表）。

（注8）井戸・前掲（注1）370～371ページ。

6　兵庫県明石市の取り組み

兵庫県明石市は、2014年10月から、無戸籍者のための相談窓口を開設し、弁護士資格を持つ職員が相談に対応し、必要に応じて無戸籍問題を取り扱う民間支援団体につないでいる。約1年間で6件の相談があった。無戸籍のため義務教育を受けられないまま成人した男性に対し、元小学校教諭が、本人の希望する教育支援（計算など）を5回実施した。もちろん無料である。

２０１５年11月からは、無戸籍者への情報提供として、相談窓口や戸籍を作るための手続、戸籍がなくても受けることのできる行政サービスなどを記載した「戸籍がない方のためのサポートパンフレット」(注9)を配付するとともに、母子健康手帳の交付時や転入届の受付時、離婚届の交付時などに、無戸籍者のための相談窓口の案内チラシを配付している。また、無戸籍者の早期把握として、母子健康手帳の交付申請時に提出する妊娠届出書の裏面に、アンケートとして、「子どもが無戸籍となる可能性がある」「夫婦・家族関係（ＤＶなど）についての不安がある」というチェック欄を設けた。そして、２０１６年度からは、母子健康手帳の交付申請時に、妊婦全員の面接も実施する。

さらに、戸籍がなくても国民健康保険に加入できることを知らなかった者が本来加入できる日に遡って加入する場合に、資格が発生した月から届出の前月までの保険料納付を、市が妥当と判断すれば免除できるようにした。なお、無戸籍問題に対する理解を深めるため、主に窓口職員を対象とした研修会を実施している。

人は戸籍がなくても、権利義務の主体であり、行政のサービスを受けることができる。このことを知らない人が圧倒的に多い。無戸籍状態を解消する法的手続を知っても、どう進めていいのかわからない人も多い。明石市は情報提供、相談対応から着手し、精通した専門弁護士、支援団体につなぐネットワークを作った。市長、担当職員の方たちの熱意に敬意を表したい。明石市に続く市区町村が増えることを願ってやまない。

（注9）例えば、住民登録、母子健康手帳の取得、国民健康保険証の取得、こども医療費の助成、児童手当・児童扶養手当の受給、乳幼児健康診査の受診、予防接種の受診、保育所・幼稚園への入所・入園、小中学校への就学・就学援助などである。

8 子どものための養子
――内密出産、節税養子、特別養子

1 赤ちゃんポストと「内密出産」

熊本市の慈恵病院は、2007年から親が育てられない子どもを匿名で預かる「こうのとりのゆりかご」（赤ちゃんポスト）を設けている。ポストのそばに児童相談所や保健センターへの相談を促す掲示をする、赤ちゃんを預かったらすぐに児童相談所に連絡する、安全や健康への配慮をするなどを条件に、熊本市は同病院に赤ちゃんポストの設置を許可しており、児童相談所につなぐ仕組みの一つとして位置づけられる。同病院には2007年から約10年で130人が預けられたが、妊娠を知られたくないために検診を受けず、医療機関にかからず一人で出産する例が多いことから、2017年、予期せぬ妊娠で孤立する女性が安全に出産できる仕組みの必要性を説き、熊本市はこれを受けて、ドイツのような「内密出産」制度の導入を厚労省に要望した。(注1)

ドイツでは、「妊婦の葛藤状態の回避及び克服のための法律」が制定され（2013年8月28日。2014年5月1日施行）、女性が身元を明かさないで出産する「内密出産」を可能にした。(注2) 妊婦は事前に相談所において相談を受ける。匿名をやめる方法や子との生活を可能にする方法など詳細な面談が

提供される。こうした妊婦に対する支援を前提に、内密での出産を希望する妊婦は、出産手続上の仮名、子のための一つまたは複数の男女別の名を決め、相談所は子の出自に関する証明書を発行した上でこれを封印する。母の配慮権（日本では親権）は停止され、親は行方不明として扱われる。養親希望者との間に養子縁組が成立すると実母との法律上の親子関係は終了する。子は16歳になると、出自に関する証明書を閲覧したり、複写を要求する権利を持つ。ただし、母が開示を拒む場合には、家庭裁判所が閲覧権について判断する。内密出産をする母の利益と子の権利のバランスをとる。出産する女性に対して十分な説明をした上で内密出産を認める一方で、子の安定的な養育環境として養子縁組を活用し、子の出自を知る権利を一定の範囲で保障する仕組みである。

慈恵病院の構想では、女性は身元を記した書類に封をして行政機関に預け、病院では匿名で出産し、子が一定の年齢になるまで開封せず保管して匿名性を守る一方、子は特別養子縁組をし、養親の家庭で育つというものである。特別養子縁組の活用を前提とする点で、これまでの赤ちゃんポストよりも、子の保護を促進、確保することができる。（注3）

特別養子縁組とはどのような制度だろう。そもそも養子制度とは何なのだろう。

（注1）朝日新聞2017年12月5日夕刊（大阪、全国紙版は、同月16日朝刊）。
（注2）渡辺富久子「ドイツに於ける秘密出産の制度化～匿名出産及び赤ちゃんポストの経験を踏まえて」

外国の立法260号（2014）65ページ。訳語は、ドイツ法に詳しい床谷文雄教授のご教示により「内密」とした。詳細は、床谷文雄「ドイツにおける内密出産制度導入の意義と課題」阪大法学313号（2018）、318号（2019）所収参照。

（注3）法整備が進まないため、2019年12月、同病院は先行実施することを明らかにした（讀賣新聞2019年12月8日朝刊）。

2　養子制度とは

養子制度は、血のつながりのない者同士の間に法律上の親子関係をつくる制度である。その目的は、時代と社会によって異なる。子の保護を目的とする養子制度は、第一次大戦後のヨーロッパに始まる。戦争から生じた大量の孤児・捨て子・婚外子を放置することはできず、子どもたちに家庭を保障する必要が生じた。第二次大戦後、この方向はさらに進み、養子制度は基本的に子のための制度であり、福祉制度の中に位置づけられる。現在のヨーロッパの制度は大略次のようになっている。

公的な養子縁組あっせん機関が養子と養親の適性をチェックし、一定期間、養親希望者が試験的にその子を養育した上で、司法機関あるいは行政機関の判断によって養子縁組を成立させる。親子としてふさわしい年齢差が必要であり、養子と実親の法律上の親子関係はすべて終了する一方、養親との縁組解消は原則として認められない。養子縁組の登録においてはプライバシーが保護される。

これに対して日本の場合、養子制度は、江戸時代以来、家の承継を目的とするものであり、後継ぎにふさわしい大人を養子として迎えることが多かった。明治民法も、大人の養子縁組を想定していた。養親希望者と養子希望者が養子縁組に合意し、縁組届を戸籍係に提出し、受理されれば縁組が成立する。協議での離縁も認められる。縁組の要件として親子の年齢差は不要であり、年長者や尊属を養子にすることができないだけである。縁組の効果として養子と養親の血族との間に親族関係が発生する一方、実親との法律上の親子関係も存続する。つまり、実親子と養親子と二重の親子関係が成立する。現行法も同じである。

現行法では、未成年の子を養子にする場合に、いくつか特別な手続が用意されている。第一に、配偶者のある者が未成年者を養子にする場合には、夫婦が共同して縁組をしなければならない。第二に、養子となる者が15歳未満のときは、その法定代理人（親権者）がこれに代わって縁組の承諾をする（代諾縁組という）。第三に、家庭裁判所から縁組の許可を得なければならない。家裁は当該縁組が子の利益になるかを判断する。ただし、自己または配偶者の直系卑属を養子とする場合、例えば、再婚相手の子（連れ子）や自分の孫を養子にする場合には、家裁の許可は不要である。

２０１８年度では、７万２８５８件の縁組があるが、その内訳を示す継続的な統計はない。１９８２年に法務省が行ったサンプル調査では、成年養子66・８％、未成年養子33・２％である。未成年養子のうち、配偶者の子（連れ子）74・８％、自分の孫16・７％、家庭裁判所の許可を必要とする縁組（未成年許可縁組）7・8%だった。2010年1月から3月の縁組届出受理件数（3万613件）のうち、養子が成年39・0%、未成年61・0%と、未成年養子が増加しているが、そのほとんどは家裁の許可を不要とするものだった。かつて、例えば、1952年、未成年許可縁組は3万2007件で、縁組全体の29・9%を占めた。日本社会の経済成長と少子化に伴い、未成年許可縁組の対象となる子が減少したことから、2018年は、619件（縁組届の0・8%。後述4の特別養子縁組624件を加えても1・7%）まで下がっている。

現在の日本の養子制度は、①後継ぎや扶養を目的とする成年養子、未成年養子の場合でも、②再婚相手の連れ子や自分の孫を養子にすることが多く、③要保護児童のための養子の利用は極めて少ないのである。特に②では子の利益よりも親や祖父母の利益が優先する。

3　節税養子と子の利益

次のような事案がある。Aに孫Cが生まれた。長男Bと妻Dとの間の子である。Bは、C出生後、税理士から、CをAの養子にすれば、Aの相続の際に、相続人であるBが支払うべき相続税について節税効果がある旨の説明を聞き、（注4）Aを説得し、BとDが縁組を承諾し、AとCの養子縁組届をした。Aの孫を養子にするのだから、家裁の許可は不要である。しかし、A・B間に確執が生じ、届出から5か月後、AはBに無断で協議離縁届をした。そこでBは協議離縁無効確認訴訟を提起した。

縁組当時、Aは81歳、Cは1歳である。訴訟でAは、養親による養子の監護教育は不可能、現にその実態が存在しない、縁組後もCとAは同居も面会もなく、実父母B・Dによって縁組当時も現在も養育されている、Bは医師として資産も保有し、経済的にも養育環境においても、Cを養育できないとされる状況には全くないと主張した。これに対してBは、Aが初孫の誕生を喜んだ、DがCを懐胎したときに、生まれてくる子を養子にして家を守るという話が持ち上がり、C出生後まもなく、AはCを養子にする旨をBに話したと主張した。裁判所は、代諾権者であるBとDの意思を欠くことから、協議離縁は無効とした。Aの死後、Aの長女と二女は、Aに縁組をする意思がなかったとして、縁組無効確認訴訟を提起した。この事案では、誰も子Cのことを考えていないように思われる。

最高裁判所は、「養子縁組は、嫡出親子関係を創設するものであり、養子は養親の相続人となるところ、…相続税の節税の動機と縁組をする意思とは併存し得るものである。したがって、専ら相続税の節税のために養子縁組をする場合であっても、直ちに当該養子縁組について民法802条1号にいう『当事者間に縁組をする意思がないとき』に当たるとすることはできない」と述べ、本件では、縁組をする意思がないことをうかがわせる事情はないとして、縁組を有効とした。(注5)

もともと最高裁は、未成年養子について、縁組が他の目的のためになされても、「親子としての精神的なつながりをつくる意思」を認めることができる場合には、「真実養親子関係を創設すべき縁組意思があったものと認められる」としていた。(注6)この最高裁の事案では、養親は、長男夫婦、孫2人と一緒に暮らしており、孫の監護教育のために孫を養子にする必要はなかった。疎遠になっている二男の相続分を減らすという、もっぱら財産相続が目的だった。

こうした未成年養子の多目的な利用が可能になるのは、自己または配偶者の直系卑属を養子にする場合には家裁の許可を必要としないという例外的な措置のためである。例えば、再婚相手の子（連れ子）と縁組をするケースでは、子どもの気持ちよりも、親子となって家庭を安定させたいという再婚当事者の気持ちが優先されがちである。子は、離婚して別居している実親を慕い、交流を続けたいと思っているかもしれない。いきなり養子といわれても、戸惑いがあるかもしれない。祖父母と孫という血族関係があるにもかかわらず、わざわざ孫を養子にする。自分の氏を継がせたり、孫（長男の子）を相続人にして、長男の家族の相続分を増やしたり、前述のような節税など、子の利益よりも祖父母や親の思いが優先している。

どちらも、本当に親子としての関係を築けるか、子どもにとってプラスになるかについて、特に孫養子の場合には、親権者は祖父母になり、実親は親権者ではなくなるのだから、家庭の事情、子の意思などを考慮し、専門家（家裁調査官やカウンセラー）が慎重に調査した上で、最終的には、家庭裁判所の判断を仰ぐべきである。欧米諸国はもちろんのこと、韓国では未成年者の養子縁組はすべて家庭裁判所の許可制であり、台湾ではすべての養子縁組が裁判所の許可制である。立法論としては、家裁の許可制に例外を設けてはならない。

（注４）遺産に係る基礎控除額は、３０００万円＋６００万円×法定相続人の数で算出することから、相続人の数が多いほど、基礎控除額も多くなる（本件当時は５０００万円＋１０００万円×法定相続人数）。相続人に実子がいる場合には、養子は一人まで、実子がいない場合には、二人までに制限される。

（注５）最高裁判所２０１７年１月31日判決・最高裁民事判例集71巻１号48ページ。批判として、二宮周平「判例評釈」家庭の法と裁判11号（２０１７）１２４ページ以下。

（注６）最高裁判所１９６２年12月20日判決・家裁月報16巻４号１１７ページ。

４　特別養子縁組

１９８７年、実親による監護が著しく困難または不適当であったり、その他特別な事情があり、子の利益のために特に必要がある場合に、家庭裁判所の審判で成立する特別養子縁組制度が創設された。

その特徴は、①養子となる者は原則として６歳未満、養親となる者は夫婦で、原則として25歳以上であること、②縁組を成立させるには、養親となる者が養子となる者を６か月以上の期間、監護した状況を考慮しなければならないこと、③養子と実親との間の法律上の親子関係を終了させ、原則として離縁を認めないこと、そのために実親の縁組への同意が不可欠であること、④戸籍の父母との続柄について、「養子」「養女」ではなく、実子と同様に「長男」「長女」などと記載することなどである。養親が唯一の親だからである。要保護児童の保護に特化した制度であり、欧米型の未成年養子制度に近い。

制度創設以来、30年が経過した。特別養子縁組の成立件数は、近年、300件台だったが、2014年から18年にかけて、513件、544件、495件、616件、624件と増加している。14、15年の2年間で成立した特別養子縁組のうち、児童相談所や民間の養子縁組あっせん団体が関与した件数は、920件、全体の87・0%に及ぶ。養子が0歳（赤ちゃん）の場合、家庭養護促進協会（注7）が関与したケースは215件で児童相談所の124件を上回る。

特別養子に関しては、社会的な支援が必要である。例えば、特別養子制度は、養子であることを隠す制度ではないから、適切な時期に親は子に養子であることを伝えなければならない。他人の口から事実を告げられることほど、子にとって辛いことはない。いつどのような状況の下で、どのようにこのことを伝えていくのか、児童相談所や専門家が関わることができる仕組みがほしい。

また審判を行うまでの6か月の試験養育期間は、それまで特定の大人との関係を持ちにくい環境で育った子どもにとって、養父母が本当にすべてを任せてよい人なのか、養父母への絶対的な安心と信頼を確認するために、わざと大人の嫌がる行動をするなどの「ためし行動」や、常に抱っこを求めたり、オムツやほ乳瓶を使ったりなどの「赤ちゃん返り」をすることがある。こうした時期にも、前述のような専門家の支援が必要である。

家庭養護促進協会では、縁組のあっせんだけではなく、縁組成立前のケースワーク、成立後の支援、養子への真実告知（産みの親ではないことの告知）、養親子の権利保障などに取り組んでいる。協会関係者は、可能であれば実親に子どもを育ててもらいたい、そのことにもっと社会が支援する必要がある、実親の相談支援を行い、最大限の努力をしてもなお難しいという場合に、養子縁組という選択肢がある、そこで養子縁組あっせん機関や児童相談所につながっていくという方法もあると指摘する。(注8) 内密出産の構想も、ドイツのように事前の相談支援が欠かせない。

（注7）大阪と神戸で50年以上にわたって、里親や養親の開拓と支援をしてきた民間団体（公益社団法人）である。

（注8）家庭養護促進協会機関誌「育てる」改版54号（２０１７）５ページ。

５　未成年養子制度のあり方

これまで民間の養子縁組あっせん団体の設立は届出制だったが、営利的な取組をする団体があったりしたことなどから、適正化を図るために、２０１８年４月から許可制になった（民間あっせん機関による養子縁組のあっせんに係る児童の保護等に関する法律）。また、児童虐待への対応として特別養子縁組の利用促進をねらいとし、２０１９年６月、特別養子縁組制度が改正された。

第一に、養子となる者の上限年齢を15歳に引き上げた。年長の児童にも特別養子縁組を利用できるようにするためである。(注9)

第二に、特別養子縁組の成立手続が二段階になった。従来の制度では、家裁の特別養子縁組を認める審判が確定するまで、実親は同意を撤回することができた。そのため実母と連絡のとれないまま赤ちゃんを育てていたが、実母と連絡がとれたところ、実母から縁組を認めないと言われ、縁組の申立てを取り下げざるをえなかった事案がある。(注10)実母は1年たったら迎えに来ると言って、赤ちゃんを乳児院に預けて、再び連絡がとれなくなっているという。養親希望者は、審判の認容まで、「同意が翻ったらどうしよう」と心配したり、この事案のように、実親が出てきて同意しないといった場合には、子を戻さざるをえなかった。(注11)

こうした事態を生じさせないために、家裁は第一段階の手続で、実親による養育状況及び実親の同意の有無を確認する（養子適格の確認審判）。実親が家裁の手続期日で同意した場合、あるいは家裁調査官による事実調査を経た上で家裁に書面を提出して同意した場合には、実親は、同意をしてから2週間経過後は、同意を撤回することができない。児童相談所長はこの手続の申立人又は参加人として、養育状況に関して主張・立証することができる。養親希望者は安心して試験養育をすることができる。第二段階の手続では、養親子のマッチング(親子関係の形成可能性)を判断する(特別養子縁組成立の審判)。養親希望者がこの手続を申し立てる。実親はこの手続に関与することができない。

しかし、子の出自を知る権利は規定されなかった。特別養子制度は養子であることを秘密にするものではないから、適切な時期に養子に血のつながりがないことを伝える必要がある。事件・事故の時に血縁関係がないことを知ったり、他人から聞かされたりすると、養子はショックを受ける。血縁は子のアイデンティティにも関わるものだから、秘密にされていたことに対して傷つく。養子にとって重要なことは、信頼と愛情に満たされた親子関係の実質である。血縁の有無とは関係がない。こうした親子関係を形成するために出自を知る権利を養子に保障する必要がある。(注12) 家庭養護促進協会では、縁組成立後の支援として取り組んでいる。条文に規定するだけではなく、これを支援する仕組みも整備する必要がある。

未成年養子の制度趣旨は、子の福祉、子の利益である。実親による子育てが困難である場合に、子に家庭環境を保障し、子の成長を援助する仕組みである。だから養親が親権者になる。実親が子の監護教育をすることが可能な場合に、孫養子など養子縁組を成立させる必要はない。連れ子養子の場合も、再婚相手に連れ子に対する監護権を保障すれば足りる。未成年養子制度は、特別養子縁組を基本とする内容に純化されるべきではないだろうか。

（注9）15歳前から養親希望者が養育していた場合、やむを得ない事由により15歳までに申立てができなかった場合には、15歳以上18歳まで縁組が可能である。15歳以上の場合、養子となる者の同意が必要である。

（注10）朝日新聞２０１７年９月８日「実母が翻意　幻の養子縁組」。

（注11）「育てる」前掲（注8）4ページ。
（注12）出自を知る権利については、『多様化する家族と法Ⅰ』80～82ページ参照。

第2章　家族を支える

①高齢者の世話
――家族介護と社会的介護の協働へ

1　高齢者の世話の実情

厚労省・総務省等の統計によれば、介護保険の要支援・要介護などの認定を受けている人は、2000年の約218万人から、2017年は約641万人と2・9倍に増えた。65歳以上人口の18・2％に当たる。要介護者から見た主な介護者は、58・7％が同居家族であり、配偶者25・2％、子21・8％、子の配偶者9・7％など、性別では、男性34・0％、女性66・0％である（2016年）。介護・看護の理由による離職者数は、2016年で約8万5800人で、その比率は、男性23％、女性73％である。依然として家族、特に女性が介護を担っている。同居している主な介護者の介護時間で「ほとんど終日」と回答した人は、要介護度4で45・3％、5で54・8％になる（2016年）。介護の負担は大きい。

要介護者になった場合に介護を受けたい場所の順位は、①「家族に依存せず生活できるような介護サービスがあれば自宅で介護を受けたい」37・4％（男性31・0％、女性43・0％）だった。②「自宅で家族を中心に」18・6％（男性24・0％、女性13・9％）、③「自宅で外部の介護サービスを組み合わせて」17・5％（男性18・9％、女性16・2％）、④有料老人ホームあるいはケア付き高齢者住宅12・1％、⑤特別養護老人ホーム6・9％である。施設介護（19・0％）よりも自宅介護を希望する者が約8割（81・0％）であり、特に⑤が極端に少ないことは、施設介護の現状への不安を示している。自宅介護では、家族のみに頼らない①③の合計は56・3％（男性55・0％、女性56・9％）で②の3倍であり、家族のみによる介護の厳しさが認識されている。①は女性が男性より12％多く、家族介護を女性が担うことの反映といえよう。

65歳以上の人がいる世帯のうち、「夫婦のみ」32・5％、「単独」26・4％、「親と未婚の子」19・9％、「三世代」11・0％であり（２０１７年）、今後、老老介護（介護者と要介護者がともに65歳以上）が進行し、「夫婦のみ」もいずれ「単独」に変わることから、自宅での家族介護が困難なケースが増加するおそれがある。ひとり暮らしの高齢者が安心して老いを迎え、主たる介護者が離職しなくてもすみ、介護者と要介護者が笑顔で接することができるようにするためには、家族の実態やそれぞれのライフスタイルに適合した高齢者介護制度が不可欠である。本稿では、私たちの日常生活を規律する民法の、人の世話に関する基本的な考え方、原則を再確認し、これに基づき高齢者介護に関して家族[注1]と社会が連携・協働する方向を検討する。

（注1）私見では、家族とは、血縁や法的な関係のほかに、お互いの意思に基づいて事実上の共同生活を営む親密な関係を含む。

2　自立できない人の援助——3類型

人を生まれつきの身分に拘束していた封建時代を克服した近代市民社会では、人は独立・平等・自由な存在であるとされた。しかし、実際には、乳幼児、病気・障害・加齢のため判断能力の乏しい人、身体的な行動の自由が十全ではない人、失業した人など、精神的・身体的・経済的に他者の援助を必要とする人が存在する。市民社会は、このような人々を援助する役割をまず家族に求めた。そのためには、誰が誰と家族関係にあり、どのように援助するのかを規定する必要がある。民法が定めた援助には、三つの類型がある。

①　身の回りの世話。未成年の子の場合には、親権者（親権者がいない場合は後見人）が監護教育の義務を負う。大人の場合には、病者の世話、判断能力や身体能力の低下した人の世話などについて、何の規定もない。

②　財産の管理と法律行為の代理。未成年者でも財産を有することがあり、親権者が財産を管理した

り、本人に代わって契約などを結ぶ（代理）。判断能力の低下した大人の財産管理については、成年後見制度で対応する（詳細は本章2参照）。家庭裁判所が選任した成年後見人が財産を管理し、代理をする。

③　扶養。生活費を負担することである。未成年、成年の区別なく、民法で定められた扶養義務者が扶養義務を負う。

以上のように、未成年者については、基本的に親権者が①②③を総合的に担うのに対して、大人の場合には、①は規定がなく、②は審判がなければ援助はなく、③のみ適用される。つまり民法が予定しているのは、援助を受ける人自身が一定の財産を有しており、それを使って、必要に応じて①②を他人に委ね、費用が乏しくなれば、扶養義務者から③の援助を受けて、①②を続けるという、自立自助を優先する仕組みである。

今日では、大人の①については、介護保険制度が介護者（ヘルパー）あるいは施設を確保し、その費用を一部負担する仕組みを設け、③については、年金制度や社会保障制度が生活費を補充し、自立自助を支える。しかし、原則は、自立自助である。人は独立・平等・自由な存在なのだから、可能な限り、自分の意思で自分の生活を営む。家族・第三者・社会の諸制度がこれを援助する場合であっても、その人の意思は可能な限り、尊重される。

３　自立自助システムの問題点と課題

しかし、こうしたシステムには、問題もある。第一に、これまで高齢や障害などで自立しえない人を家族が引き取り、同居して、①身の回りの世話、②財産管理、③扶養を総合的に行ってきたことである。１９８０年には、65歳以上の者のいる世帯の50・１％が三世代世帯だったが、２０１７年には11・０％に減少し、①②③が分離する傾向にある。しかし、分離した運用に慣れていないことから、引取り型に落ち着くケースがなお続いている。引取り型で援助するときに、②③は経済能力のある男性が、①は母、妻、嫁として女性が担うという性別役割分担型が多かった。しかし、男女が共に仕事を持ち、家庭生活との両立を図るライフスタイルが浸透している現在では、日常的に継続しなければならず、かつ担当者を固定できない①が、もっとも現実の負担が大きい。したがって、家族の中で男女が共に協力するだけではなく、家族が地域や社会と連携しながら、担っていくことが課題となる。

第二は、障害のため①②③に不安がある人の継続的な援助である。未成年の間は、親権者が総合的に援助するが、成年に達したとたんに、これらの組み合わせを家族が配慮して対応しなければならない。しかし、障害を持つ人も、成年に達すれば大人である。特に③については、たとえ一部でも能力に応じて自分で賄うことが、その人の自信と誇りにつながる。雇用を含めた経済的な自立へ向けた援助が不可欠の課題となる。

第三に、介護者と要介護者との関係性である。家族に限らず、介護者が要介護者を支配しがちになることがある。要介護者が介護者の思いどおりにならないとき、介護者が負担感から感情を爆発させることもある。お互いが笑顔で接することができるような関係性を作ることが課題となる。私見では、介護される側の視点に立つべきであると考える。要介護者もまた独立・平等・自由な存在となるために、援助を受ける権利を有しており、また判断能力に応じて可能な限り、自らの意思を尊重される権利を有している。これが、近代市民社会の基本原理だからである。

4　家族介護の任意性

民法は、①配偶者、②直系血族と兄弟姉妹など一定範囲の近親者に対して、経済的に自立できない人を扶養する義務を課している。近親者の間には、自然の愛情、共同生活の連帯感、慣行などによって、自発的に扶養義務を果たすことが期待できるからである。しかし、私人間でなされる扶養である以上、義務者自身の生活を犠牲にさせてまで、他者の扶養を強制することはできない。したがって、扶養義務者に扶養能力がない場合には、扶養義務は発生しない。私的な扶養なのだから、扶養権利者が義務者に対して扶養請求してはじめて扶養義務が発生する。例えば、ようやく安定し始めた子の生活を優先させるために、現時点では、子に対して扶養請求したくないといった権利者の意思も尊重されるのである。(注2)民法が扶養について規定するのは、近親者に扶養義務を強制するためではなく、無限に広がる可能性のある私的扶養の限界を示すためである。

ところで高齢者が自分一人で生活できなくなった場合、経済的な援助とともに、身の回りの世話、介護が必要になる。明治民法では、扶養義務の履行方法として引取り扶養が規定されており、老親など扶養権利者が請求すれば、裁判所から子に対して引取りが命じられることがあった（明治民法９６１条）。しかし、１９４７年の民法改正によりこの規定は削除され、扶養は純粋に経済的な援助に限定されることとなった。

もし扶養義務として、高齢者を引き取って介護することが強制されてしまうと、介護のために離職したり、ほぼ終日の介護のために扶養義務者やその家族が心身をすり減らして共倒れになったり、ストレスから高齢者を虐待するような事態も起こりうる。このようなことを避けるために、扶養義務を経済的援助に限定した。民法では、実行可能なことしか強制してはならないのである。したがって、高齢者が身の回りの世話を誰かにしてほしいと思った場合には、専門機関や第三者から介護サービスを受け、その費用を自ら負担し、負担し切れないときに扶養義務者に対して、費用相当額を扶養として請求することになる。扶養義務者に対して介護を請求することはできない。

ただし、扶養義務者と高齢者の間で引取り扶養の合意ができれば、扶養義務の履行方法の一つとして、その中に介護も含まれることになる。今でも高齢者扶養の場合には、義務者の一人が高齢者を引き取り、他の義務者がその生活費の一部を負担するという方法をとることが多い。社会的に子（特に長男及びその妻）が親の世話をするのが当然という意識が強ければ強いほど、引取り扶養が事実上、強制される。しかし、引取り扶養の場合には、人間関係の調整が必要だから、高齢者、扶養義務者、同居することとなる義務者の家族など、それぞれの意思を尊重し、無理にならないような配慮が必要である。

例えば、次のようなケースがある。父が亡くなった後、長男が母と同居し世話をすることを前提に、大半の遺産を取得したが、自宅介護が難しくなり、母は有料老人ホームに入居した。その際の一時金、月々の諸経費・医療費を負担してきた長男から弟の一人に対して費用の分担を求めた。弟は、兄が亡父の遺産分割で多額の財産を取得しているとして拒否したが、裁判所は、義務者である弟たちの扶養能力や生活状況も考慮した上で、兄弟三人が分担すべきだとして、毎月3万円の分担と長男が支払った一時金の3分の1（90万円）の支払いを命じた。(注3) このケースの場合、自宅介護が難しくなった段階で、兄弟三人が集まり、母との生活の思い出やその人柄を振り返り、残された日々の過ごし方として、どのような世話をするのが母の意思にかなうのか、病気になった場合にはどのように世話や費用を分担するのか、原資として遺産の再分配を考えるなど、話し合う場を持っていれば、深刻な対立は生じなかったかもしれない。

家族介護は強制されない。任意だからこそ、要介護者の意思を尊重し、その利益に配慮しながら、介護者や家族と調整することが求められるのである。

（注2）ただし、生活保護法では、要保護者に生活費を支給した地方自治体は、その人の扶養能力のある扶

養義務者に対して、費用を徴求することができる。その限りでは、扶養義務は強制される。
（注３）新潟家裁２００６年11月15日審判・家庭裁判月報59巻９号28ページ。

５　家族介護と社会的介護の連携・協働へ

しかし、自宅での家族介護には限界がある。この現状に対応して創設されたのが介護保険制度であり、２０００年４月から施行されている。現在は、次のような内容である。

①65歳以上の高齢者またはその家族が市町村に申請し、②介護認定審査会で要介護（介護を必要とする状態に応じて５段階に分かれる）または要支援（生活の支援を必要とする状態に応じて２段階に分かれる）と認定されると、③要介護であれば、施設サービス、居宅サービス、地域密着型サービスを、要支援であれば、介護予防サービス、地域密着型介護予防サービス、介護予防・生活支援サービスを受けることができる。

施設サービスとは、介護老人福祉施設（特別養護老人ホーム）、介護老人保健施設、介護療養型医療施設で、入所すると24時間、看護や介護を受けることができる。居宅サービスには、訪問介護、訪問入浴介護、訪問看護などヘルパー等が居宅を訪問するサービスと、右の施設に日帰りで通って入浴やリハビリなどのサービスを受ける通所介護（デイケア）や短期入所（ショートステイ）がある。地域密着型サービスは、定期巡回訪問介護、夜間対応訪問介護、認知症対応の共同生活介護などであり、主として地域包括支援センター(注4)が対応する。

④介護保険施設に入所を希望する場合には、入所の申込みを行い、入所が決定した段階で施設と入所契約を結ぶ。施設サービスのケアプランは入所施設が作成する。契約を結ぶ段階で、利用者の判断能力が十分でない場合には、成年後見制度などの利用が必要となる。実際には本人と身内の家族で契約を結ぶことが多いが、諸経費など本人の財産を用いるのだから、成年後見人等を選任して本人の財産管理もできるようにすることが望ましいと思う（本章2（注1）参照）。

⑤在宅で介護サービスを受ける場合には、居宅介護支援事業者のケアマネージャー（介護支援専門員）と利用者との間で話し合いを行い、自分に合ったサービス計画（ケアプラン）を作成し、利用するサービスごとに、サービス事業者と利用者の間で介護サービス契約を結んで、提供されたサービスに要する費用の原則1割をサービス提供事業者に支払う。ただし、要介護度ごとに定められたサービスの利用額上限を超えた部分や、介護保険の給付対象外のサービスを利用した場合には、全額自己負担となる。

⑥介護給付の財源は、40歳以上の住民が所得に応じて支払う保険料50%と公費50%（サービスの種類によって国、都道府県、市町村の負担割合は変わる）。

病院や自宅で母や父の介護をしているとき、私には、親切に介護をしてくれる看護師さんや介護福祉士さんが天使のように見えた。家族だけで介護を担わなくてもよい、安心して専門家に任せられる、そのためならば喜んで保険料を払おうと思った。まさに「国民の共同連帯の理念に基づき、社会全体で介護を必要とする者の介護を支える新たな仕組み」なのである（１９９７年、制度の導入を決定した時の説明）。

ただし、課題も多い。要介護度の高い人には、施設サービスが適しており、待機待ちが続くような現状を改め、受け皿を確実に増やす必要がある。施設介護の場合でも、高齢者にとって家族との交流は何ものにも替えがたい楽しみなのだから、家族の訪問が大切である。在宅の場合には、特定の家族が介護を一手に引き受けるのではなく、同居していない家族の協力など家族の中で分担し、他方、居宅サービスや地域密着型サービスを積極的に活用し、ケアマネージャーのアドバイスなども受け、家族と専門家のいわばチームで対応することが必要である。チームであれば、介護者の苦心、悩みなども相談したり、共有化でき、またメンバーの交替なども可能であり、離職や自身の健康不安などを防ぐことができる。ここでも、提供されるサービスの質と量の確保が必要である。

家族介護と社会的介護の連携・協働を可能とするには、社会的介護の充実が前提である。しかし、現状では、保育所と同様、介護保健施設職員の給与水準は低く、またヘルパーの非正規雇用が常態化し、相当の訓練と専門性を備えたスタッフの確保が難しい。意欲のある福祉労働者ほど負担過重になるような職場環境は早急に改善する必要がある。世話をする人の権利が確保されて初めて、世話を受ける人の権利も確保される。経済効率だけでは測れない福祉労働の特性を正当に評価する時期に来ている。

（注4）おおむね30分以内に必要なサービスが提供される日常生活圏域（中学校区）に設置された地域ケアの実現に向けた中核的な機関である（川島志保・関ふ佐子編『家族と高齢社会の法』（放送大学教育振興会、２０１７）１９７ページ〔原田啓一郎〕）。

２ 成年後見制度
——財産管理から見守りへ

判断能力が不十分な人の財産を管理する必要がある。その中心を担うのは成年後見制度である。しかし、単なる財産管理ではない。本人の生活を支援し、見守る役割がある。

１ 成年後見制度の立法趣旨

認知症や知的障害、精神障害等により判断能力の不十分な人が、相手方のなすがままに自己に不利益な契約を結んだり、身内や友人・知人にお金をせびられたり、勝手に財産を処分されることがある。こうした事態に対処するために、１８９８年の明治民法から１９９９年まで１００年余り、禁治産制度が設けられていた。

人は成年に達すると、自分一人で法律行為（契約を結んだり、裁判を起こすなど）をすることができる。これを行為能力という。成年になっても法的な判断能力のない人について、親族等の申立てに基づいて家庭裁判所（以下、「家裁」）が禁治産宣告をすると、禁治産者は行為能力を剥奪され、日常的な買い物すらできなくなる。禁治産者ほどではないが判断能力の不十分な人や浪費者等について、家裁が準禁治産宣告をすると、準禁治産者は行為能力を制限され、民法が定める重要な法律行為（例えば、借金や保証、不動産その他重要な財産の処分、訴訟等）をするには、保佐人の同意を得なければならない。

しかし、法的な判断能力の程度は、例えば、常に判断能力を欠く状態にある人、日常生活に支障はないが、重要な法律行為については自信のない人、誰かの援助があれば自分でできる人、特定の法律行為についてのみ援助が欲しい人などさまざまである。全面的に行為能力を剥奪する禁治産、重要行為について保佐人に同意権のみを与える準禁治産の制度では、能力の程度に対応した援助を受けることができない。また禁治産者から全面的に行為能力を剥奪することは、本人への過剰な規制であるとともに、禁治産者への偏見・差別の原因ともなった。

こうした現状認識から、１９９９年12月に制定されたのが成年後見制度である（２０００年4月施行）。立法担当者は、「高齢社会への対応および障害者福祉の充実の観点から、判断能力の不十分な高齢者や障害者にとって利用しやすい柔軟かつ弾力的な制度を設計するという実務的要請とともに、自己決定の尊重、残存能力の活用、ノーマライゼーション等の新しい理念と従来の本人の保護の理念との調和を図るという理念的要請に応えるため」と述べる。(注1) 成年後見制度は、本人の個人としての尊厳を守る意義も有している。第三者の援助・協力を得て、できる限り、またどんなに些細なことであっても、自分で判断し自分で行動することを求める。傍目《はため》には大変に見えるかもしれないが、個人として生きる上では、不可欠のことである。

（注１）小林昭彦・大門匡編著『新成年後見制度の解説』（金融財政事情研究会、２０００）８ページ。なお２０００年４月に施行された介護保険制度では、利用者とサービス提供者が介護サービスについて契約を結ぶことから、判断能力の不十分な人には成年後見制度で対応することが予定されていた。

２　成年後見制度の仕組み

⑴　３類型

現在の成年後見制度には、本人の判断能力の程度に応じて、①後見、②保佐、③補助の３類型がある。①では、本人（被後見人）は、日用品の購入など日常生活に関する法律行為は単独でできるが、それ以外は、成年後見人が代理する（本人に代わって法律行為を行う）。②では、本人（被保佐人）は、かつての準禁治産者の場合と同様、民法で定められた重要な法律行為については、保佐人の同意が必要になり、③では、本人（被補助人）が特定の法律行為（例えば、自宅の処分、老人ホーム入所契約、亡夫の遺産分割、一定金額以上の商品購入契約等）について、補助人の同意が必要となる。②③では本人が保佐人、補助人に相談し、その同意を得て、自分で法律行為をする。ただし、本人が同意を得ないで行った法律行為については、本人に不利益な場合もあるので、保佐人、補助人が後で取り消すことができ、これによって本人の財産を守る。

また②③で、本人が保佐人、補助人の同意を得て自分で法律行為をすることが難しい、あるいは望まない場合には、家裁は、特定の法律行為について保佐人、補助人に代理権を付与することができる。個別具体的な法律行為ごとに代理権付与が適切かどうか、家裁がいちいち判断する。代理行為は、代理人の判断に基づいて行われるので（他者決定）、本人の自己決定とはいえないことから、面倒であっても、こうしたプロセスを経る。

(2) 手続

本人、配偶者、4親等内の親族、検察官、市区町村長などが、本人の能力に対応して①②③のどれかの開始を家裁に申し立てる。家裁は、家裁調査官に本人の意思確認をさせ、③では、本人以外の申立ての場合に本人の同意を要件とすることによって、本人の意思を尊重する。その上で、①②については精神鑑定を行い、③では医師その他適当な者の意見を聴いて、開始するかどうかを決定する。

(3) 登記

①②③の開始や代理権の付与については、法務省の後見登記ファイルに登記し、登記事項証明書の交付によって、取引の相手方がこうした事情を知ることができるようにしている。かつての禁治産、準禁治産のように戸籍に記載することはない。

(4) 任意後見制度

将来、判断能力が不十分な状況になった場合に備えて、あらかじめ自分で信頼できる第三者に自己の生活、療養看護及び財産管理に関する事務を委ねたい場合もある。こうした場合に利用されるのが任意後見契約である。任意後見契約を結んだ場合には、その契約を公正証書にしなければならない。

本人の判断能力が不十分になると、本人、配偶者、４親等内の親族、任意後見受任者が、家裁に任意後見監督人の選任を請求し、家裁がこれを選任すると、先に結んでいた任意後見契約の効力が発生し、初めて受任者が任意後見人になる。本人は任意後見人に指示したり、監督したりする能力を欠いているので、監督人の選任が不可欠だからである。

３　成年後見人の職務

成年保佐人、補助人は財産管理が中心だが、成年後見人の職務はそれにとどまらない。後見人は、まず、家裁によって選任された時から遅滞なく本人の財産の調査に着手し、１か月以内に調査を終え、財産目録を作成しなければならない。次に、後見人としての事務を始めるに当たって、本人の生活、療養看護、財産管理のために毎年支出すべき金額を予定しなければならない。例えば、介護契約、施設入所契約、医療契約などを結び、必要な費用を本人の財産から計画的に支出する。さらに、例えば、高齢者施設への入所契約を結んだ後で、入所後、きちんと契約どおりの世話がなされているかどうかチェックし、必要なサービスについて本人の希望を聞いて、施設側と交渉することも含まれる。医療行為についても、施設内での骨折の治療、風邪や腹痛の治療などについて、本人の希望を伝える必要がある。介護契約の履行のチェック、本人の意思・希望の反映は、財産管理の域を超える。それは本人の生活、療養看護を見守り、個人としての生活を支援し、その質を確保する役割である。したがって、財産を持たないあるいは財産の乏しい高齢者・知的障害者にも成年後見制度は必要となる。

しかし、高齢者等の現実の介護は任務ではない。どのような介護を受けるべきかを決定することが後見人の任務であり、現実の介護は、介護に同意した家族、介護の専門家や機関が担う。とはいっても、実際の療養看護との区分けは難しい。例えば、身よりのない高齢者の成年後見人になった場合、施設への入所に際して、入所中の介護・医療事項に関する決定・同意(注2)、家族会への参加、退所後の現状回復義務の履行、退所時の身柄の引き取り、死亡時の遺体の引き取りなどが求められることがある。また在宅の高齢者の場合にも、ホームヘルパー派遣の手配、その支払い、ケアプランの確認、地域ケア会議への参加などがある。そのほか、例えば、本人の誕生パーティなどのお祝いを催したり、本人が希望する旅行を手配したり、本人との関係で職務は広がる。どこまでが職務なのかは、本人との信頼関係、協力する家族や施設職員の存在、費用負担などから、総合的に判断する。こうした職務を担うがゆえに、家裁は、本人の財産の中から、後見人に相当な報酬を与えることができるのである。

(注2) 成年後見人が、本人のインフルエンザ予防接種、胃瘻《いろう》を作るための内視鏡による簡単な手術などについて同意を求められることがある。現行制度では、手術の同意権は認められていない。しかし、本人の生活、療養看護に関する事務として、医療機関に対して、本人の医療関係情報の説明を求めたり、医

療機関に本人の情報を提供したり、医療機関のケア会議で関係者と協議したり、治療方針決定に関わることは可能である。

４　利用の状況と課題

(1)　利用の類型

１９９９年、禁治産宣告２９６３件、準禁治産宣告６７１件の申立てだったが、成年後見制度になってから利用は増え続け、２０１９年では、成年後見開始申立ては２万６４７６件、保佐６７４５件、補助１９９０件、任意後見監督人選任７４８件、合計３万５９５９件である。そのうち、申立てが認容されたのは95・５％である。２０１９年12月末日における成年後見制度の利用者数は合計で22万４４４２人だが、成年後見の利用が４分の３であり（全体の76・６％）、保佐・補助など判断能力の状況に応じた多様な利用は徐々に増えているものの、自ら将来に備える任意後見の利用は進んでいない。いずれ判断能力は低下していくのだから、最初から後見を申し立てたほうが手続的に負担が少なく、後見人に代理権があることから、本人保護にもかなうという発想があるのかもしれないが、それは「自己決定の尊重、残存能力の活用、ノーマライゼーション」という制度の理念に反する。

(2)　申立人

本人の子が最も多く（全体の22・７％）、次いで市区町村長（22・０％）、本人（18・６％）、本人の兄弟姉妹（12・2％）である。後見人の報酬等の負担能力のない人、親族がいない人の場合、市区町村は、成年後見制度利用支援事業で対応する。それが市区町村長申立てであり、制度発足の２０００年には、０・５％だったが、右のように利用が進んでいる。成年後見制度への行政の関わりが浸透し、成年後見の社会化が一定程度、進んでいる。

(3) 申立ての動機

預貯金等の管理・解約が最も多く（40・6％）、次いで身上監護（21・8％）、介護保険契約（10・5％）であり、不動産の処分（9・2％）や相続手続（7・9％）などを超えている。本人の生活の確保や身の回りの世話に関する事項が中心である。

(4) 成年後見人等と本人の関係

配偶者、親、子、兄弟姉妹及びその他親族が成年後見人・保佐人・補助人に選任されたものが全体の21・8％、親族以外の第三者が選任されたものは78・2％である。第三者では、司法書士37・7％、弁護士27・8％、社会福祉士18・4％など、専門職がほとんどである。したがって、家裁による成年後見人への報酬付与は２０１５年に10万件を超え、14万５７５３件になっている（２０１８年）。制度発足時には第三者は全体の９％にすぎず、圧倒的に親族だったことを顧みると、財産管理は、不正防止のためにも専門職の第三者に委ねるほうがよいとの意識が定着してきたといえよう。しかし、専門職は地域的に偏在していること、３で述べたように見守りの役割もあること、(3)の申立ての動機などを考えると、親族後見人を育成し、その職務について、自治体等が設立する成年後見センターがサポートする仕組みが求められる。

(5)　不正防止

成年後見人等が適切に職務を果たしているかどうかをチェックする仕組みがある。成年後見制度では、家庭裁判所は、必要があると認めるときは、親族や後見人の請求又は職権で、成年後見監督人等を選任することができる。成年後見監督人等又は家裁は、成年後見人等に後見の事務の報告若しくは財産目録の提出を求め、又は後見の事務若しくは財産の状況を調査することができる。２０１８年では、成年後見監督人等は２０６０人選任され、家裁による報告・調査等の後見監督処分は、２０１５年に10万件を超え、16万３８９件と急激に増加している。それでも成年後見人等による不正行為は起こる。(注3)

後見人や親族が本人の財産を私物化するなど不正を防止するため、家庭裁判所が勧めているのが後見制度支援信託である。(注4)本人の財産のうち、日常的な支払いをするのに必要十分な金銭を預貯金として後見人が管理し、通常使用しない金銭を信託銀行等に信託する仕組みである（金銭の所有権を移転し銀行が保管する）。２０１2年2月に導入され、２０１5年６６０3件、２０１6年６９６3件と一挙に利用が増えたが、その後減少に転じ、２０１８年は2８８6件である。この制度を利用すると、信託財産（金銭）を払い戻したり、信託契約を解約するには、家裁が発行する指示書が必要となる。２０１８年6月から、後見制度支援預金の利用も開始している。日常的な支払いをするのに必要な金銭を預貯金として後見人が管理し、通常使用しない金銭を後見制度支援預金口座に預け入れ、入出金や口座解約をする場合には、家裁の指示書を必要とする。信用組合や信用金庫が受け皿となる。２０１８年の利用は５３１人である。

両者合わせて、２０１８年12月までの利用者の累計は2万４９４０人、信託と預金の合計額累計は約８１８５億７０００万円である。２０１８年、一時金の交付を受けるために必要な指示書を家裁が発行した件数は５９３件で、２０１５年の１５４件から4倍近く増加している。一時金交付の理由も、被後見人等の生活費・学費が増加し（１３５件）、続いて、建物の修繕・解体費用、後見人等報酬、納税、施設入所費用、医療費、墓の購入・冠婚葬祭費用と続いている。

確かに財産は保全されるが、３で述べたような本人の生活の支援や質の向上のために財産を有効に活用することが制約されるおそれがある。

（注３）例えば、成年後見人等が解任された事案は、２０１８年に１６８件であり、減少傾向にある。
（注４）成年後見及び未成年後見について利用可能だが、現時点では、利用のほとんどは成年後見である。

⑹　成年後見制度利用促進法の制定

こうした制度の利用実態を踏まえて、２０１６年4月、「成年後見制度の利用の促進に関する法律」

が制定された。(注5) 基本理念、基本方針、基本計画、体制を定める。基本理念として、利用促進は、成年被後見人等が、「基本的人権を享有する個人としてその尊厳が重んぜられ、その尊厳にふさわしい生活を保障されるべきこと」、意思決定の支援、自発的意思の尊重、身上の保護が適切に行われることなど成年後見制度の理念を踏まえて行われるものとする（同法3条1項）。

基本方針として、保佐及び補助の利用促進、成年被後見人等で医療等にかかる意思決定の困難な者への支援、任意後見の積極的な活用、地域において成年後見人等となる人材の確保などをあげる（同法11条）。本人の生活を支援するための「見守り」の役割が重視されてきている。

（注5）「特集　成年後見制度利用促進法・円滑化法成立」実践成年後見63号（2016）3ページ以下参照。

5　地域での見守り

各地域の社会福祉協議会や各市町村の福祉公社が、高齢者や知的障害者等の財産や権利に関する相談に応じたり、福祉サービスの利用援助（介護保険等の手続の代行や立ち会いなど）、日常的な金銭管理（年金の受け取り、貯金の出し入れ、公共料金等各種料金の支払いなど）、通帳・証書・契約書・印鑑等の保管などの有料サービスを行っている。日常生活自立支援事業である。こうしたサービスについて契約を結ぶことが前提であり、その時点で、契約内容を理解しうる能力が必要となる。

地域住民から選ばれた生活支援員がこうしたサービスを担当する。中には、お金を盗んだと罵声《ばせい》を浴びせられる、妄想等が強く、コミュニケーションや意思の確認が難しいなどの困難事例もある。しかし、ある自立支援アドバイザーは、「利用者の人権を尊重するということは、その人の意思決定を最大限に尊重することであり、本人の同意を得るための時間、判断に必要な情報提供、わかりやすい丁寧な説明を大事にしたい」、あるいは、「利用者の意思や自己決定権を尊重することは、時には回り道するような支援のスタイルになるが、利用者に代わりすべてを行うのではなく、利用者ができることを支えていくことが、この制度の重要な役割であると思う」と語っている。

他方、介護サービス利用契約の支援などを中心に、成年後見の担い手として「市民後見人」の育成も始まっている。大阪市成年後見センターは、養成講座を行い、終了者を後見人候補として、市民後見人バンクに登録し、家裁からの後見人推薦依頼に対応している。(注6) その「活動マニュアル」（市民後見人に期待されること）は、①本人の意思の代弁、②基本的ニーズの充足と本人らしい生活の質の向上、③良好な社会関係の構築、④適切なサービスの活用、⑤適切な財産管理と本人にとって有意義な財産活用、⑥地域社会における権利擁護の推進と成年後見の普及、である。社会貢献、地域福祉の一環として位置づけられている。生活支援員も市民後見人も、地域の人々の善意に依拠するものである。

これらによって、地域社会の再生、人々の連帯、立場の弱い人に寛容な社会が生まれるのではないだろうか。

（注６）ただし、思うほど広がっていない。２０１９年では全国で市民後見人が２９６件成年後見人に選任されているが、前年の３２０件より減少した。

3 認知症高齢者の起こした事故の法的な責任者は誰なのか

認知症高齢者が鉄道駅構内に立ち入って轢死《れきし》するという事故があった。鉄道会社は当該高齢者を介護していた遺族（妻と長男）に対して、振替輸送費など約720万円の損害賠償請求をした。名古屋地裁は妻と長男に、名古屋高裁は妻のみに損害賠償責任があるとした（賠償額は半分）。最高裁はこれを否定した。(注1) 介護に関わる人が安心できる仕組みと被害者の保護を両立させるには、どうすればよいのか、考えてみたい。

（注1） 最高裁第三小法廷2016年3月1日判決・最高裁民事判例集70巻3号681ページ。

1 事案の概要

2000年頃、当時84歳のAの認知症に家族が気づき、妻B、長男C、その妻D、長女Eは、相談の上、長年Aと暮らしている妻BがAを介護するが、高齢であることから、Dが単身で横浜市の自宅からA宅の近くに転居し、BによるAの介護を補助することにした。2002年11月、Aは要介護2と認定され、甲市内の福祉施設に週1回、デイサービスに通い始めた。Aは外出を希望するため、DがAの外出に付き添うようになり、Cも毎月1、2回程度、甲市内で過ごすようになった。

2005年8月早朝と、翌年12月深夜、Aは一人で外出し数時間行方不明になったが、コンビニの店長からの連絡や警察への通報により、事なきを得た。この後、自宅玄関付近にセンサー付きチャイムを設置し、Bの枕元でチャイムが鳴るようにした。また自宅横の事務所の出入口にもセンサー付きチャイムを設置したが、出入りの度に鳴ってやかましいことから、本件事故当日まで電源は切られたままだった。

2007年2月、Aは要介護4と認定され、常時介護が必要な状態になった。そこで特別養護老人ホーム入所を検討したが、介護に精通している長女Eが、入所させるとAの混乱がさらに悪化する、家族の見守りがあれば自宅で過ごす能力を十分保持している、入所希望者が多く、入所までに少なくとも2、3年はかかると意見を述べたことから、引き続きA宅で介護することに決めた。

この頃、デイサービスは週6回になっていた。長男の妻Dが午前7時頃にA宅に行き、食事後、Aを通所させ、Aが施設から自宅に戻った後、20分程度Aの話を聞き、Aが居眠りを始めると、台所で家事をし、居眠り後、Dの声かけによって3日に1回くらい散歩し、その後、夕食をとり、入浴をして就寝するという生活であり、DはAが眠ったことを確認してから帰宅していた。妻Bは、2006年1月頃までに、左右下肢に麻痺《まひ》拘縮があり、要介護1と認定された。長男Cは毎月3回程度、週末にA宅を訪れるようになっていた。

同年12月17日、Aが施設から自宅に戻り、事務所部分の椅子に腰掛け、B、Dと一緒に過ごしていたが、Dが自宅玄関先で片付けをし始めたため、AとBが2人きりになり、Bがまどろんで目を閉じている隙に、Aは事務所部分から外出した。Aは乙駅から列車に乗り、北隣の丙駅で降り、排尿のためホーム先端のフェンス扉を開けてホーム下に下りてしまい、列車に衝突して死亡した。

2　民法の考え方と訴訟の経過

民法では、未成年であったり精神上の障害があったりして、自己の行為の責任を理解し、認識する能力を欠いている者（責任無能力者という）が他人に損害を与えた場合には、責任無能力者は損害賠償の責任を負わない（民法712条、713条）。その代わり、責任無能力者を監督する法定の義務を負う者、例えば、親権者、未成年後見人、成年後見人などが損害を賠償する責任がある（同714条1項）。ただし、監督義務者がその義務を怠らなかったとき、又は義務を怠らなくても損害が発生したときは、責任を負わない（同条1項ただし書）。これを免責という。

名古屋地裁は、長男Cに対して、Aから財産管理を引き継いだ状態にあったこと及びAの介護方針や介護体制を決定したことから、事故当時、社会通念上、714条1項の法定監督義務者と同視しうる「事実上の監督者」だったとした。そして事務所出入口からの外出・徘徊《はいかい》を予見することができたのに、センサーの電源を切っていたこと、Aの経済状態から十分に余裕があったにもかかわらず、民間の介護施設やホームヘルパーを利用するなどの措置を講じなかったことなどから、監督義務を怠らなかったとはいえないとして、賠償責任を認めた。

妻Bについては、日中Aと2人でいるときに目を離せばAが外出して事故を起こすことは予見できたこと、徘徊を防止するための適切な行動をとるべき不法行為上(注2)の注意義務があったことから、まどろんで目をつむり、Aから目を離していたことに過失があるとして、B自身の不法行為として損害賠償責任を認めた。当時85歳で要介護1の認定を受けているBがAの行動を制止することは不可能に近いのに、過失があるとされたのである。

名古屋高裁は、妻Bについて、現に同居して生活している場合には、夫婦としての協力扶助義務の履行が法的に期待できないとする特段の事情がない限り、配偶者の同居協力扶助義務（民法752条）に基づき、精神障害者となった配偶者に対する監督義務を負うとして、714条1項の監督義務者に該当するとする。Bは要介護1の認定を受けていても、C、Dの補助・援助を受けながらAの生活全般に配慮し、介護するなどしていたのだから、監督義務の履行を期待できないとする特段の事情は認められないこと、Aが日常的に出入りしていた事務所出入口に設置されていたセンサーを作動させるという容易な措置をとらず、電源を切ったままにしていたことから、Bは監督義務を怠らなかったとはいえないとして、賠償責任を認めた。

Cについては、扶養義務は、同居して介護することまでは含まないこと、成年後見人でもないこと、

Aと20年以上も別居しており、事実上の監督者にも当たらないことから、714条の賠償責任を否定した。

1で紹介したように、妻B、長男C、その妻Dが、デイサービスなどを利用しながら、Aの介護を分担してきた。Bが20分程度まどろんだ隙にAが家を出て、列車事故に遭遇したにもかかわらず、地裁も高裁もその損害賠償責任を家族の誰かに課するのである。責任を免れるためには、同居しないほうがいい、介護計画を立てたり、センサーなど設置しないほうがいい、ということになりかねない。親身に介護をする家族に厳しい判決である。(注3)

(注2)故意又は過失によって他人の権利を侵害した者は、その損害を賠償する責任がある(民法709条)。地裁は妻Bを法定監督義務者ではないとする一方、Bには、Aの徘徊を防止し、他人に損害を与えないよう注意する義務があったとして、B自身の不法行為として賠償責任を認めたのである。

(注3)地裁が指摘したように、Aには相当の資産があり、賠償能力があることが結論に影響を与えた可能性もある。もしそうだとしたら、介護の現実を把握していない点で問題である。

3 最高裁の論理

最高裁は、配偶者も成年後見人も法定監督義務者ではないとした。その結果、成年の責任無能力者の加害行為には法定監督義務者がいないことになる。しかし、実際には被害者がいる。そこで最高裁は、法定監督義務者でなくても、加害行為の防止に向けて当該責任無能力者の監督を現に行い、その態様が単なる事実上の監督を超えているなど、「その監督義務を引き受けたとみるべき特段の事情」が認められる場合には、衡平の見地から法定の監督義務を負う者と同視して（準法定監督義務者という）、民法７１４条に基づく損害賠償責任を問うことができるとした。

「特段の事情」については、①その者自身の生活状況や心身の状況、②精神障害者との親族関係、③同居その他日常的な接触の程度、④精神障害者の財産管理への関与など関わりの実情、⑤精神障害者の心身の状況や日常生活における問題行動、⑥これらに対応して行われている監護や介護の実態など諸般の事情を総合考慮して判断される。

本件の場合、妻Ｂは、本件事故当時85歳で要介護１の認定を受けており、Ａの介護もＤの補助を受けて行っていたこと、またＣは、Ａの長男であり、介護の話し合いに加わり、妻Ｄが介護を補助していたものの、本件事故まで20年以上もＡと同居しておらず、本件事故直前の時期においても１か月に３回程度週末にＡ宅を訪ねていたにすぎなかったことから、いずれもＡの加害行為を防止するためにＡを監督することが現実的に可能な状況にあったということはできず、その監督義務を引き受けていたと見るべき事情があったとはいえないとして、損害賠償責任を否定した。

4 法的責任を限定する解釈

本件のように、「老老介護」の場合、子が遠隔地に居住して日常的に監護に当たっていなかった場合には、準法定監督義務者ではないことになる。しかし、最高裁が考慮すべきとした「特段の事情」は、前述の①〜⑥など諸般の事情から判断されるのだから、どのような事情があれば、準法定監督義務者とされるのか、客観的に定まらない。例えば、ⓐ配偶者が心身ともに健康上の問題がなく、他方配偶者を介護をしていた場合、ⓑ子が近接した場所に居住し、頻繁に親の家を訪ねて介護をしていた場合などは、どうなるのだろうか。

この疑問に応えるために、岡部喜代子裁判官の意見(注4)を取り上げる。岡部意見は、長男Cについて、Aの数時間の行方不明後にAの自宅部分へのセンサー設置など事故防止のための措置を行ったこと、BがAを見守り、DがAの外出時に付き添い、週6回のデイサービスを利用するという体制を組んだことから、少なくとも2006年中には、監督義務を引き受けたと見るべき特段の事情が認められるとする。逆にいえば、適切な介護体制がとられていない場合には、監督義務の引受けはないことになる。

他方、岡部意見は、監督義務者の免責(民法714条1項ただし書)を検討する。監督義務発生の根拠は、人的な結びつきに基づく意思であり、判断基準は一般通常人とするのが相当だから、一般通常人として求められる徘徊行動の回避措置をとることで足りるとする。例えば、事務所出入口のセンサーの電源を切っていたことについて、徘徊は過去、数時間の2回だけだったことから、徘徊による問題が生じていたというような状況ではなく、介護体制が機能している状況では、センサー等が機能するように設備を整えることを要求することは、一般通常人を基準にすると過大な要求であるとする。監督者に不可能を強いることはできないからである。

したがって、適切な介護体制をとっていた場合でも、一般人としての義務を履行していれば、義務を怠らなかったことになり、免責される。もし認知症の進行と介護の過酷化に耐え難く、家族介護から離脱すれば（その自由があり、非難に値しない）、監督義務の引受けと判断されることはない。引受けがあったとされた上で、免責が認められないケースは、適切な介護体制をとりながら、その役割を故意に果たさず、明白な危険を防止しなかったような例外的な場合などに限られるだろう。(注5)

岡部意見のような解釈をすれば、ⓐⓑのケースで監督義務の引受けがあったとしても、一般人として通常期待される内容の介護を行う限り、認知症高齢者の行動について法的な責任を問われることは、ほとんどないことになる。本件のように、デイサービスの利用はあるものの、Cと妻Dが5年半近く別居生活をし、DがA宅でAの介護をするような体制は通常の期待を超えており、当然のことながら免責される。

（注4）最高裁裁判官は、結論・理由について全員一致でない場合には、自己の意見を述べることができる。多数意見がその事件を扱った法廷の意見となる。結論は同じだが、結論を導いた理由づけを補足するの

が補足意見、理由づけが異なるのが意見、結論を異にするのが反対意見である。

（注５）例えば、認知症高齢者が徘徊行為や自転車・自動車の危険運転を繰り返しており、交通事故につながる前兆行動などに介護者や成年後見人が気がついていながら、漫然と放置していたような場合である。

５　認知症高齢者の事故対応に関する制度設計

最高裁の解釈では、成年の責任無能力者は損害賠償責任を免れ、多くの事案で７１４条の監督義務者がいないことになり、結果として被害者は誰にも損害賠償請求ができない状況になる。本件は鉄道会社の財産損害の事案だが、最高裁の判決理由はそうした限定をしていないので、人身事故や被害者が個人である場合などにもこの解釈が適用される可能性がある。被害者の救済も含めて、制度設計を考えなければならない。その方向は二つある。（注６）

一つは、加害行為をした責任無能力者本人に賠償責任を負わせる方向である。認知症高齢者の場合、認知症になるまでに資産を形成していることも考えられ、賠償能力の点では免責の必要性が乏しいこともある。例えば、①監督義務者を法律で明記し、例外的に本人の責任も問える制度を導入し、本人や監督義務者となった家族らが損害保険に入ることで賠償能力をカバーする案、②介護する家族の負担を考慮し、本人が賠償責任を負うことを原則とする案などがある。確かに本人や監督義務者と定められた家族らが損害保険に入るのが現実的であり、保険会社は個人賠償責任保険の補償対象として、被保険者に対し監督義務を負う人を追加するなどの対応を始めている。しかし、これは任意のものであり、あくまでも損害を与えた側の自衛手段である。

ところで国土交通省の調査では、２０１４年度に認知症の人が関係する鉄道事故等として把握されているのは、29件だった。鉄道各社は、原因がはっきりしていれば、損害賠償を求めるのが基本であり、何ら請求しないと株主から問題視される可能性があるという。(注7) 損害賠償で解決しようとする限り、こうした事業者の対応は避けられない。

もう一つは、リスクを社会で分担する方向である。①認知症高齢者の事故に関しては、「被害者対加害者」という従来の発想から脱却する必要がある。対立構造にならないことから、例えば、鉄道会社は遺族と向き合いながら、どうすれば事故を防げたのか真剣に考えることができ、事故の発生を抑止する具体策を練り上げる可能性が生まれる。②認知症は、加齢に伴い誰もが陥る可能性のある事象であり、その事故から生じるリスクを家族や周囲の人＝監督義務者にだけ押しつけるのは公正とはいえない。損害の種類・性質に照らして社会が引き受けるべきもの、いわば「社会的に受忍限度にあると考えられる損害」については、個人責任を原則とする損害賠償で対応することに慎重でなければならない。

具体的には、加害行為のリスクを社会的に適正に分配していくために、責任無能力者に資力がある場合には本人が賠償すること、民間及び公的な保険制度や社会保障制度（犯罪被害給付制度はこの一例）等を連動させることなど重層的なリスク分散の仕組みを構築することである。(注8) 例えば、①事業者の社会的責務を踏まえて、事業によって利益を得ている事業者がこうした損害の発生に備えて損害保険に加入すること、②認知症の人を地域で見守り、支える社会づくりの一環として、市町村が、介護保険財源等の中から、被害者に給付金（補償）を支給する事業を行うことなどが考えられる。

（注6）各方向の提唱者等については、二宮周平「認知症高齢者の鉄道事故と監督者の責任」実践成年後見63号（2016）72〜73ページ参照。
（注7）朝日新聞2016年3月2日（朝刊）39面。
（注8）上山泰『専門職後見人と身上監護〔第三版〕』（民事法研究会、2015）189ページ。

6　現在の検討状況

2016年5月、厚労省老健局認知症施策推進室が中心となって各省庁の担当者が集まり「認知症高齢者等による事故等の実態把握に関するワーキンググループ」が設置された。6月から8月にかけて有識者ヒアリングが実施され、私も協力した。12月の「ワーキンググループにおける検討について（まとめ）」では、実態把握として、認知症に起因する事故・トラブル等は一定件数発生しているが、その内容や損害などは多様であり、損害額が高額となる事案が頻繁かつ多発しているという事実は確認されなかったこと、民間保険の開発が進められていることから、新たな制度対応を行うことは難しいとする。（注9）

したがって、２０１７年７月改訂の「認知症施策推進総合戦略（新オレンジプラン）」（関係12府省が共同で策定）には、認知症高齢者が起こした加害行為、事故への対応について言及がない。ワーキンググループ（まとめ）でも、新オレンジプランでも、予防となる地域での見守りが重視されている。地域で家族、専門機関、事業者などが連携して、介護と見守りを分担する方向である。本件でＡの徘徊が行方不明にならずにすんだのは、地域のコンビニ店長の機転である。鉄道の乙駅、丙駅に駅員がおり、乗客を見守っていれば事故は防げたかもしれない。そうした人々の行動を促す研修・訓練も欠かせない。２０２０年３月末で認知症サポーター(注10)は約１２６４万人に及ぶ。

こうした視点からは、やはりリスクを社会的に分担する方向が望ましいし、政策としての整合性もあると思う。２０１７年11月、神奈川県大和市は、本件訴訟を受けて、認知症高齢者がいる家族から、「事故の場合、どの程度の責任を負うのか」などの相談が寄せられていたことから、市が民間の保険（個人賠償責任保険）に加入し、保険料を肩代わりする制度を新設した(注11)。対象は、市の「はいかい高齢者等ＳＯＳネットワーク」に登録した高齢者である。朝日新聞の調査によると、２０１９年11月現在、少なくとも39地方自治体が民間の保険を活用した補償制度の運用を始めている(注12)。神戸市は、２０１９年４月、個人市民税引上げ（１人４００円）で年約３億円の財源を確保し、事故救済制度（賠償責任保険と被害者への見舞金）の運用を開始したところ、８月までに２８９３人の申込みがあり、他人の自転車を壊した、店舗を汚したなどで３件の支給があった。

万一の備えがあれば、安心して介護もできる。堀田力・さわやか福祉財団会長は、「高齢化で認知症の人が増えたのは、『みんなで支え合うやさしい社会を作りなさい』という神様からのメッセージと受け止めたい」[注13]と話す。自治体の取り組みはこうした方向の一つである。だが、住んでいる自治体によって対応が異なるのではすべての高齢者と介護する家族の安心は得られない。国の取り組みが求められている。

（注9）ウェブサイト検索は、「第五回認知症高齢者等にやさしい地域づくりに係る関係省庁連絡会議　資料」。

（注10）認知症サポーターとは、認知症に対する正しい知識と理解を持ち、地域で認知症の人やその家族に対してできる範囲で手助けする人のことで、地域や職域団体などで住民講座、ミニ学習会として養成講座が開催されている。２０１９年度は全国で3万６８１０回開催され、地域住民、金融機関やスーパー・コンビニ、マンション管理会社などの従業員、小・中・高生など様々な人が受講している。

（注11）讀賣新聞オンライン２０１７年８月25日11時33分配信による。

（注12）朝日新聞２０１９年11月26日（朝刊）。

（注13）堀田力「論点スペシャル　認知症事故　最高裁判決の意味」讀賣新聞２０１６年3月2日（朝刊）11面。

④ 高齢者が作成した遺言の効力
——遺言能力と遺言の方式

遺言作成時、遺言者に遺言能力がなければ、遺言は無効である。高齢者の判断能力が低下したときに、相続人など身内の者がそうした高齢者に対して自己に有利な遺言を作成するよう働きかけることがある。他方で、自分が世話になる子に多少とも利益を与えたいと思う高齢者もいる。どういう場合に遺言能力が認められ、認められないのか判断基準が重要だが、一方で遺言者の真意と遺言能力を確認しながら、真正な遺言を作成する実務も求められる。本節では、遺言能力に関する紛争を事前に防止する仕組みを考える。

1　ある事例

夫Aと妻Bとの間には、長男X、長女Yがいる。Aは退職後、生まれ育った京都の家に戻って暮らしていたが、妻Bが亡くなり、子どもたちXYがAの一人暮らしを心配したため、Aは大阪に住むX夫婦と同居した。しかし、XやXの妻と折合いが悪く、結局、京都に戻り一人暮らしを始めた。数年後、東京郊外に住むYは、Aとの電話のやりとりから、Aの物忘れが徐々にひどくなっていることを認識し、一緒に医者に行ってみると、認知症の初期だと診断された。自信のなくなったAは、娘Yがかわいいし、Yが一緒に暮らそう、お父さんの面倒は見るからと言ってくれるので、東京に転居することを決意した。

そこでAは、生活費など迷惑をかけてはいけないと思い、京都の居宅を処分しようと考えた。しかし、Xも京都の家で育っており、愛着があったので、処分に反対した。認知症が進行すると、判断能力のないまま損をする不動産売却をするかもしれず、心配もあって、Xは家裁にAの成年後見開始審判の申立てをした。申立ての際に提出した医師の診断書では、Aは認知症であり、財産処分に関する判断能力はないとされていたことから、家裁は、財産保全の仮処分を行い、Xが依頼した弁護士が財産の管理者に指定された。

これに反発したAは、Yに全財産を相続させる旨の遺言を作成した。数か月後、Aについて成年後見開始の審判が出された。Aの遺言は有効だろうか。

2　遺言能力とは

遺言内容を理解し、遺言の結果を弁識できる判断能力を遺言能力という。民法では、15歳以上であれば遺言能力があるとする（民法961条）。成年被後見人も事理を弁識する能力を一時回復した場合は、医師2人以上の証明の下に遺言をすることができる（同973条）。そのため、遺言能力は、売買や抵当権の設定、多額の借金などの財産的な行為に関する判断能力ほど高度でなくてよいと理解されていた時期もある。

しかし、財産的な行為についてもその判断能力の程度はさまざまである。贈与であれば、相手方に財産を与えることの意味がわかればよいが、金額によっては、周囲の関係者に与える影響の認識も必要である。売買であれば、代金や目的物の引渡しの時期・方法など利害得失の合理的な判断ができる能力が欠かせない。多額の借金や抵当権の設定になると、返済できなかった場合のリスクを認識できる能力が必要になる。したがって、遺言能力の程度も財産的な行為と同様、遺言内容の難易度に応じて異なるのである（相対性）。

こうした相対性を前提に、遺言能力はあらゆる事情を総合的に考慮して、その有無が判定される。例えば、東京地裁は、次のように説示する。「遺言能力の有無は、遺言の内容、遺言者の年齢、病状を含む心身の状況及び健康状態とその推移、発病時と遺言時との時間的関係、遺言時と死亡時との時間的関係、遺言時とその前後の言動及び精神状態、日頃の遺言についての意向、遺言者と受遺者との関係、前の遺言の有無、前の遺言を変更する動機・事情の有無等遺言者の状況を総合的に見て、遺言の時点で遺言事項を判断する能力があったか否かによる（注１）」。総合判断説という。

単に遺言者の精神状態だけでは判断しないのである。したがって、認知症が始まりつつある高齢者でも、認知症に罹《かか》っているからというだけでは、遺言能力は否定されない。１のケースでは、遺言の内容の難易度、財産の価額、そして前述のような総合的な事情から、Aの遺言能力の有無を判断することになる。

そうはいっても、Aについて成年後見開始審判手続が進行中である。申立てから開始審判が出るまでの間に、判断能力の低下した人本人の財産を保全するために、特に必要があるときは、家庭裁判所は、申立てに基づき審判前に財産の管理者の後見を受けるべきことを命ずることができる（家事事件手続法126条）。仮の命令ではあるが、本人の判断だけで財産的な行為をすることはできない。したがって、1のケースで、Aは自分の不動産を売却することはできない。問題は、そうした人でも遺言能力があるかである。

成年後見開始の審判が出た後は、前述の民法973条に従って、遺言能力が認められる場合があるが、審判が出る前なので、前述の総合判断説に立って、遺言能力の有無が判定されることになる。遺言能力が認められる場合もあれば、認められない場合も出てくる。確実に遺言能力があることを保障する遺言の作成方法はないだろうか。

（注1）東京地裁2004年7月7日判決・判例タイムズ1185号291ページ。

3 遺言の作成方法

遺言は、民法の定める方式に従って作成しなければならない。最も簡単なのは、自筆証書遺言である。[注2]全文、日付、氏名を自書し、印を押すだけでよい（民法９６８条）。ただし、財産目録を添付する場合には、目録については自書する必要はない。自書は自分で書いたことの証拠であり、押印は、メモではなく、正式な文書であることを示す。日付を書いておけば、その後、認知症になって判断能力が低下しても、作成時に遺言能力があったことを証明することができる。とはいうものの、遺言は遺言者の死亡によって効力が生じるのだから、遺言者本人に確認することができない。晩年、認知症などで判断能力が低下していたような事案では、その日付の時点で遺言能力があったことを、遺言が有効だと主張する側が証明しなければならない。裁判例では、遺言者が娘の身の上相談にあずかっていた事案、遺言者が遺言作成の前日に自己名義の預金通帳を見て払戻しの間違いを指摘していた事案などで、遺言能力を認めている。日常生活の言動から、遺言能力を証明する。偶然の事実に頼るのだから、遺言能力の証明は不確実にならざるをえない。

この点で、一番確実なのは、公正証書遺言である。公証人[注3]に作成してもらう遺言である。その作成手続は次の①～⑤である。①証人二人以上が立ち会う（未成年者、遺言の利害関係者、公証人の関係者は証人になることができない）。②遺言者が遺言の趣旨を公証人に口授する（口頭で伝える。口のきけない人・耳の聞こえない人は通訳又は遺言の内容を自書したものを見せる）。③口授を公証人が筆記し、これを遺言者及び証人に読み聞かせ又は閲覧させる。④遺言者及び証人が筆記の正確なことを承認して、署名・押印する。⑤公証人が右方式に従って作成したことを付記し、署名・押印する（民法969条）。②が先行し、③④があるのだから、証人・公証人が遺言者の真意と遺言能力を確認することができる。作成後に遺言能力が問題になることはないはずである。

しかし、問題が生ずることになってしまった。次のような事案がある。長期間にわたり妻子と別居し、女性Zと同居している遺言者Aが、自分の死後の財産紛争を防ぐために、妻・子二人・Zに不動産を4分の1ずつ分け与えることを考えた。前日にZを公証人のもとへ行かせ、公証人はZから聴取した前述の内容を筆記した。翌日、公証人がA方を訪れ、A及び証人二人に対して、前日に筆記した内容の遺言内容を読み聞かせた。その後、Aは「この土地と家は皆の者に分けてやりたかった」という趣旨を述べ、右の書面に署名・押印し、「これでよかったね」と述べた。妻子はこうした公正証書遺言は民法の定める方式に違反しており無効だと主張した。最高裁は、②の口授と③の筆記および読み聞かせが前後したにとどまるのであって、遺言者の真意を確保し、その正確さを期するため遺言の方式を定めた法意に反するものではないとして、当該公正証書遺言を有効であるとした。（注4）

この事案により②と③の順序が逆になっても、遺言者の真意と遺言能力が確認されれば、遺言は有効という結果が一人歩きした。その結果、関係者があらかじめ作成した書面を、公証人が遺言者の前で読み上げ、遺言者がそれを了承する形で公正証書遺言が作成されるという実務を生み出した。遺言で利益を受ける者が誘導したかもしれない書面でも、公証人に遺言書作成を依頼したのが本人でなくても、最終的に、遺言者の了承としての「口授」があれば、遺言は有効なのである。

さすがに、判例は、「口授」について、うなづくだけだったり、「はい、そうです」「それでよい」「はい、はー」といった簡単な応答では、口授とはいえないとし、遺言者の真意と遺言能力があることを保障するような事情があるかどうか確認する傾向にある。

法律実務に携わる私の友人は、高齢の遺言者を公証役場に連れて行く時に、「おばあちゃん、あらかじめ作成した書面を公証人が読み上げますからね。そうしたら、はいそのとおりです、と言うんですよ」と話して、練習をするとか。遺言者も家族も納得ずみだから、と語る。また別の友人は、職業柄、公正証書遺言の証人を頼まれることがしばしばあるそうだが、遺言能力があるかどうか心配なケースでも、頼まれて証人になっているので、異議を唱えにくい、と語る。

②と③の順序を変えてもよいという実務は、公正証書遺言の本来の役割・信頼を低下させているように思われてならない。

（注2）自筆証書遺言は、自筆できる人であれば誰でも遺言者単独で作成できるので、簡便で費用もかからない。しかし、遺言書を管理する者が定められていないため、遺言者の死後における偽造・変造、隠匿・破棄などのおそれがある。遺言書の保管者または発見者は、相続開始後、これを家庭裁判所に提出し、検認を受けなければならない（遺言書の保全）。２０１８年７月の相続法改正にあわせて、自筆証書遺言

を法務局の遺言書保管所で保管してもらう制度ができた（2020年7月10日施行）。偽造等のおそれもなく、家裁の検認も不要となる。

（注3）公証人は、国の公務である公証事務（遺言、任意後見契約、金銭消費貸借契約、離婚後の子の養育費支払契約など）を担う公務員で、国が定めた手数料収入によって事務を運営している。全国で約500名、公証人が執務する事務所である公証役場は約300か所ある。

（注4）最高裁1968年12月20日判決・最高裁民事判例集22巻13号3017ページ。

4　1の事例の解決

以上の整理を踏まえると、成年後見開始審判手続中に作成された遺言であっても、判例によれば、総合的な事情を考慮して遺言能力の有無を判定できることになる。

まず、遺言の内容である。全財産をYに相続させるのだから、内容は単純であり、財産を無償で与える旨の認識があれば遺言能力があると判断してよい。しかし、京都の住居など高額の財産の場合には、なぜそうするのかの理由や、他の相続人がどう思うかなどの認識が必要である。1の事例の場合には、東京の娘のところで世話になるので、財産的に迷惑をかけたくないという理由がある。このほか、子Xに生前、相当の財産を与えていたり、一定の配慮をしていれば、今回の遺言によるXの不平・不満も織り込みずみといいえ、不自然なものではない。

次に、遺言作成に当たり、受益者となるYの関与がなかったかどうかである。これは証明が難しい。前述の理由の自然さでは判断できない。こうした事態に耐えられるのが公正証書遺言である。前述のように遺言の利害関係者、すなわち遺言で利益を得る者や相続人は証人にはなれないから、Yはその場に立ち会えない。Yが目配せなどして遺言者を誘導したり、圧力をかける心配はない。こうした状況の下、Aが遺言内容を口授し、公証人が筆記し、それを読み聞かせ間違っていないことをAが確認する方式であれば、Yの関与は否定される。口授をしているのだから、遺言者の真意と遺言能力も確認できる。

先に書面が作成された場合でも、書面をそのまま読み上げるのではなく、公証人が遺言者に対して、例えば、相続財産は何ですか、相続人は何人いますか、なぜこうした遺言を作成するのですか、誰に何をあげるのですか、そのことについてご家族に何か不満などはないですかなど、オープン・クエスチョンの形で質問しながら作成すれば、遺言者本人の遺言能力や他者の介入の有無などを確認することができる。1の事例で公正証書遺言にするならば、公証人がこうした方法をとることが重要である。

ただし、公証実務も変化しつつある。法務省の通達は、後日遺言者の遺言能力が裁判等で争われたときのために証拠を保全し、公正証書作成当時、遺言者は遺言能力を有していたと認定した根拠を明らかにできるように、遺言公正証書の作成経過等をできる限り詳細に記録し、公正証書と共に保存しておく必要があるとする。(注5)

（注5）2000年3月13日法務省民一―634号民事局長通達第1・2・(1)ウ。

5 今後の課題

遺言能力の判断基準として、次のようなことが考えられないだろうか。（注6）
① 遺言で利益を受ける人に対象財産を取得させることを認識している。
② 対象財産が高額になる場合には、自己の財産の状態と範囲を認識している。遺言の結果生じる影響が大きいのだから、単に財産を取得させることの理解では足りず、どのような財産を誰にどれだけ与えようとしているかの認識が必要である。
③ 右記②の場合には、遺言をすることによって、相続人から不平・不満が生じる可能性を認識している。遺言の結果生じる影響の大きさへの配慮である。
④ なぜ特定の者に多額の財産を与えるかの理由・動機に納得しうるものがある、ないしは不自然でないこと。基準②③を受けて、その理由を説明できることが必要である。遺言者が正常な精神状態であれば行わなかったような遺言ではないことである。遺言者が周囲の影響から独立して、自発的に遺言を作成したことであり、遺言者の真意であることを示す証拠の一つともなる。
⑤ 遺言者の真意性。形式的には、遺言能力の有無と遺言者の真意は切り分けて考察できるが、自己の真意を表現できる力は、遺言能力の重要な判断基準になる。本人の真意を反映しているかどうか

の観点からの検討であり、④も真意性の確保に関係する。

鈴木教授は、次のように述べている。「遺言をするのは、自己の財産および身分状態を認識し、遺言するとそれをどう変えられるかを理解し、そうしたほうがよいと判断し、その判断を表現する力が必要であろう」(注7)と。

医師の診察の記録や診断書は、紛争が生じた場合に、遺言能力判断の有力な材料ではあるが、それだけで遺言能力が肯定されるわけではない。相反する診断書・鑑定書が複数存在する場合もあり、実際には、紛争に巻き込まれることを恐れて医師の協力が得にくい場合もある。

遺言実務に詳しい大塚弁護士は、「従来から本人と十分な面識があって、客観的に見ても遺言能力に一抹の不安もないケースを除いては、原則として後日のために、医師の診断書によって遺言能力がある旨の立証を求めている。さらに、私が本人の遺言能力にたとえわずかでも不安がある場合には、単に診断書というだけではなく、診断医師として精神科の医師を指定したり、少なくとも長期間本人を診察している『かかりつけ』の医師で、後日の証人尋問にも耐えられる医師の診断書を求めたりしている」と言う(注8)。

認知症になった高齢者が、自己に残された能力を最大限に用いて家族関係に配慮し、後顧の憂いなきようにしておきたいという思いから、遺言を作成することがある。しかし、その思いは遺言能力の基準を低く設定することによって実現すべきではない。大塚弁護士の言うように専門医または「かかりつけ」の医師の診断書を準備して、遺言能力を確認したり、公正証書遺言を用いて、公証人及び証人二名の面前で遺言者が口授する、あるいは少なくとも公証人の質問に答える形で、口頭で遺言内容を述べ、筆記の正確さを承認し、署名・押印する手続の中で、遺言能力を確認することによって実現すべきである。そのような能力が不十分な場合には、遺言を作成してはならない。逆説的だが、遺言は、遺言者がある程度元気な時に作成するものなのである。

（注6）二宮周平「認知症高齢者の遺言能力」中川淳先生傘寿記念論集『家族法の理論と実務』（日本加除出版、2011）785～786ページ。
（注7）鈴木眞二「高齢病者の遺言能力」ケース研究235号（1993）44ページ。
（注8）大塚明「実務から見た高齢者の遺言と『遺言能力』」久貴忠彦編『遺言と遺留分　第一巻　遺言〔第二版〕』（日本評論社、2011）75～96ページの記述を本文のようにまとめた。

5 遺産分割が目指すものは
――相続人間の公平

被相続人が死亡すると、相続が開始する。相続人が複数いる場合には、遺産は相続人が共有する（共同相続）。遺産分割は、この共有関係を解消し、遺産を構成する個々の財産を各相続人に分配する制度である。遺産分割により、各遺産が各相続人の単独所有になることもあれば、住居などは複数の特定の相続人（例えば、妻と長女）の共有にすることもある。本節では、遺産分割の基準や対象を取り上げる。

1 遺産分割が中心に

明治民法では相続として家督相続と遺産相続の2種類があった。前者は、戸主の地位と家の財産を推定家督相続人（家の後継ぎ、原則として長男）が単独で承継する制度である。遺産分割の問題は生じない。戸主以外の者の相続に関しては、遺産相続として複数の相続人が共同相続することがあり、そのために遺産相続について、相続財産は相続人の共有とする規定、各共同相続人が相続分に応じて被相続人の権利義務を承継する規定、生前贈与と遺贈を考慮して相続分を定める規定、遺産分割の規定が設けられていた。

ただし、小作人や鉱山・工場の労働者は財産が乏しく相続問題とは無縁であり、他方、家制度の下で家督相続が相続の規範となっていたため、遺産相続においても長男が単独で相続することが多く相続人同士で遺産分割の裁判を起こす例はほとんどなかった。

1947年12月の民法改正によって、家督相続が廃止され、遺産相続に一本化され、相続は個人財産の承継に純化された。また配偶者相続権が確立し、血族相続人(子・直系尊属・兄弟姉妹)が複数存在する場合には原則として均分相続となったことから、配偶者と血族相続人による共同相続が基本となり、遺産分割が必至となった。そのために新たに民法906条で遺産分割の基準を示し(後述4参照)、907条で遺産分割のプロセスを示した。戦後改革の一つである農地解放により小作人が自作農になり、農地を所有し、また経済成長と持ち家政策などにより、一般市民が住宅、土地、預金、株などの財産を築くことができるようになり、遺産分割は誰にとっても身近なものとなった。

民法が予定した遺産分割のプロセスは次のとおりである。まず遺産分割は、相続人間の協議で行われる。被相続人が遺言で遺産分割を禁じた場合を除き、いつでも、その協議で遺産の分割をすることができる(民法907条1項)。期間制限はない。協議が調わないとき、または協議をすることができないときは、家庭裁判所に分割の請求をすることができる(同条2項)。1949年、家庭裁判所が設置され、遺産分割事件は家裁の管轄となり、家裁が各相続人の相続権を前提に、具体的な遺産分けをする。

家裁の判断（家事審判）より先に家事調停を行うため（調停前置主義という）、調停で相続人間の話し合いがなされる。日本の遺産分割制度は、協議・話し合い優先なのである。

２　具体的相続分

協議、調停や審判で遺産分割を行うためには、その基準が必要になる。第一の基準は、「具体的相続分」である。

相続分とは、共同相続において、各相続人が相続すべき権利義務の割合、つまりプラス財産・マイナス財産（借金などの債務）を含む遺産全体に対する各相続人の持分をいう。２分の１、３分の１といった抽象的な割合で示される。被相続人は、遺言によって相続分を定めることができる（相続分の指定）。この指定がないときに、民法の定める相続分（法定相続分）の規定が適用される。

例えば、配偶者と子が相続人の場合、配偶者の法定相続分は2分の1、子は2分の1で、子が複数いる場合には、均等に分ける（民法９００条）。例えば、子が3人いれば、１／２÷３＝１／６が各自の法定相続分となる。子の中に婚外子がいても、子の相続分は平等である。婚外子の相続分差別を違憲とした最高裁大法廷決定（２０１３年9月4日）を受けて、２０１３年12月、民法が改正された。子どもの平等を優先する。

具体的相続分とは、相続人の中に被相続人から遺贈（遺言による贈与）を受けたり、生前に婚姻や養子縁組のため、もしくは生計の資本として特別に贈与を受けた者がいた場合に、これらの遺贈や贈与などの特別な受益を考慮して算定される相続分をいう。相続人間の公平を図るためである。こうした生前贈与や遺贈を受けた相続人を「特別受益者」という。

例えば、父が死亡し、相続人は母と子三人とする。長男は事業資金として父から生前に4000万の贈与を受け、二男は父に借金2000万円の肩代わりをしてもらい、母と長女は何も特別な援助を受けていなかった場合、父死亡時の遺産に、長男への生前贈与の相続開始時の評価額(注1)が5000万円とすると5000万円として計算し、二男への借金の肩代わりも相続開始時の評価額が3000万円とすると3000万円と計算し、これらを遺産に加えて遺産額を出し、この額に各自の相続分の割合を乗じて得られた額から、長男、二男は各自が受けた生前の特別受益額を控除する。

被相続人は、右のような特別受益者について、特別受益である贈与額を遺産に加算させず、贈与の額を差し引かないようにすることができる(民法903条3項)。この意思が明示されていなくても、その贈与や遺贈が特定の相続人に相続分のほかに特に利益を与えたいという趣旨であり、そのことに合理的な事情があれば、その意思があったものとして扱われる。例えば、被相続人が長女に宅地と株式を贈与したが、彼女は強度の神経症のため、両親の庇護《ひご》なしに独立した生計を営むことが困難な状態にあり、被相続人は宅地の贈与で住居を保障し、株式の配当で長女の生活の安定を図ろうとしていた事案で、この意思があったとされた(注2)。

これに対して、婚姻期間が20年以上の夫婦の一方である被相続人が、他の一方に対し、その居住用の建物またはその敷地を遺贈または贈与したときは、当該被相続人は、その遺贈または贈与について、903条1項の規定を適用しない旨の意思表示をしたものと推定される（同条4項）。すなわち、具体的相続分の計算に際して、特別受益として加算しない。2018年7月の相続法改正により新設された。これにより、居住用不動産以外の相続財産が少額である場合に、居住用不動産が遺産に加算されないため、他の相続人との間に著しい格差が生じてしまう可能性がある（趣旨と問題点につき、『多様化する家族と法Ⅰ』129〜130ページ参照）。

（注1）特別受益とされた財産の評価は、相続開始時の価額で行われる。金銭は相続開始時の貨幣価値に換算される。
（注2）東京高裁1976年4月16日決定・判例タイムズ347号207ページ。

3　寄与分——具体的相続分の修正

被相続人が農業や自営業を子や配偶者と協力して営み財産を築き上げた場合や、認知症になった被相続人を配偶者や子が介護した場合など、共同相続人が同じ割合で相続することが不公平になる場合がある。そこで、相続人間の公平を図るために、1980年の法改正により、相続分の修正として、寄与分制度が設けられた。
相続人中に、被相続人の事業に関する労務の提供または財産上の給付、被相続人の療養看護その他の方法により被相続人の財産の維持または増加に特別の寄与をした者があるときは、共同相続人の協議でこの者の寄与分を定め、協議が調わないとき、または協議ができないときは、寄与した者の請求により家庭裁判所が寄与分を定める（民法904条の2）。寄与をした相続人に寄与に相当する金額を先取りさせる制度である。寄与分が認められる者は相続人に限られる。例えば、「長男」の妻、内縁の妻などは、いくら寄与があっても相続人ではないから、除外される。あくまでも相続人間の公平を図る制度である。
寄与分の具体的な額は、相続人の協議または家庭裁判所の調停や審判によって、相続財産の額その他一切の事情を考慮して確定される。客観的な基準はない。かつて、相続人が被相続人の療養看護をした場合には、ヘルパーの基本料金、徘徊などが始まって夜も介護をしたときには深夜料金を加えた額に、看護時間・看護日数を乗じた額を算出し、家族内でなされていることから、この額に裁量的な割合（0・5とか0・6）を乗じて寄与分を定める審判もあった。(注3)
その後、介護保険制度が導入され、ヘルパーや施設の利用が可能となったことから、被相続人の介護をしていても、要介護度2や3以上でなければ、寄与分が認められにくくなった。しかし、こうした基準に達していなくても、高齢者と同居し、日常的に援助していた場合で、他の相続人が協力しなかったときには、他の相続人と比べて「特別な」寄与があったと認めて、援助に報いるべきではないだろうか。たとえ金額は多くなくても、慰労の意味があるように思う。

なお、被相続人に対して無償で療養看護その他の労務を提供したことにより、被相続人の財産の維持または増加につき特別の寄与をした被相続人の親族（特別寄与者）は、相続開始後、相続人に対し、特別寄与者の寄与の額に応じた金銭（特別寄与料）の支払いを請求することができる。前述の相続法改正により新設された（民法１０５０条）。「長男の妻」や連れ子再婚の場合の「連れ子」が想定されている（趣旨と問題点につき、『多様化する家族と法Ⅰ』１３１〜１３２ページ参照）。

（注３）盛岡家裁１９８６年４月11日審判・家裁月報38巻12号71ページ。

４　民法９０６条が示す具体的な基準

１９４７年の民法改正により、遺産分割の基準として９０６条が新設された。「遺産の分割は、遺産に属する物又は権利の種類及び性質、各相続人の職業その他一切の事情を考慮してこれをする」という規定である。相続財産を、共同相続人間の実質的公平を考慮して合目的的に分割するという遺産分割の基準を示したものとされている。（注４）職業があげられているのは、遺産を複数の子で均分相続すると、農業や自営業用財産も分配され、事業が成り立たなくなるおそれがあったからである。

１９８０年、配偶者の相続分を引き上げ、寄与分を新設するなどの民法改正が行われた。その際に、遺産分割の基準に関する９０６条の考慮事由として、各相続人の職業に加えて、「年齢」、「心身の状態」、「生活の状況」が追加された。立法者の説明によれば、「『年齢』としては、年少者などへの配慮、『心身の状態』としては、心身障害者などへの配慮、『生活の状況』としては、いままで居住してきた住居の確保への配慮が、念頭におかれて」おり、従来の９０６条では、「相続人については『各相続人の職業』だけがあげられていたにすぎないので、この際、各相続人の事情をややくわしく、具体的に示すことにしたわけである。家庭裁判所の実務にはあまり違いが出てこないであろうが、共同相続人の協議や調停には、これがある程度の指針を提供することになるだろう」とし、「協議や調停のように本人の同意があるときは、問題ないが、家裁で遺産分割の審判をする場合には、本人の意思に反してそれができるかどうかが、問題になりうる。しかし、それも、さしつかえないと考えられるし、また、そう解しなければ今回の改正は意味の少ないものになるであろう」とする。(注５)

この記述には、相続が、農業や自営業など経営資産の承継よりも、家庭共同生活の中で蓄積された財産（住宅・現金・預貯金・株・車・貴金属など）の分配の比重が高まったことから、遺産分割の際に考慮される要素が、家族の抱える諸事情に変化してきたことをうかがわせる。

寄与分制度の新設、９０６条の遺産分割の基準になる相続人側の事情の追加によって、遺産を相続人間の諸事情を考慮しながら、共有関係を解消して総合的に分配するという遺産分割の機能が一層強化された。しかも、法制審議会民法部会長の加藤一郎（東京大学教授、民法）が指摘するように、家事審判においては、相続人の意思に反しても９０６条の基準を用いることが求められている。相続人の意思は、調停の段階ではもちろん尊重されなければならないが、審判に移行した段階では、家庭裁判所としては、国の紛争解決機関として、合意形成できなかった当事者間の紛争を、具体的相続分、寄与分、９０６条の分割の基準に従って解決する責務がある。審判でそのような決着がなされることを前提に、協議・調停においても、これらの条文は指針として重要な意味を持つ。

なお、前述の相続法改正により、生存配偶者の居住権の保障が明文化された（民法１０２８～１０３６条）。生存配偶者が被相続人の所有建物に無償で居住していた場合において、①配偶者居住権を配偶者が取得する遺産分割がなされたとき、②被相続人が配偶者居住権を遺贈の目的としたり、配偶者との間で配偶者居住権を取得させる死因贈与契約を結んだときは、居住建物の全部について無償で使用および収益できる権利を取得するという制度である。立法提案者は、使用・収益権は所有権よりも価額が低いので、生存配偶者は、配偶者居住権も得た上で、具体的相続分に充ちるまで、その他の相続財産、例えば、預貯金を得ることが可能となり、高齢の生存配偶者の生活費と居住を確保できるとする（趣旨と問題点につき、『多様化する家族と法Ⅰ』１２５～１２７ページ参照）。

（注４）我妻栄＝唄孝一『判例コンメンタール　相続法』（日本評論社、１９６６）１１９ページ。

（注5）加藤一郎「相続法の改正（上）」ジュリスト721号（1980）76ページ。

5　遺産分割の対象となる財産

不動産、動産、現金、預貯金、株券、賃借権などあらゆるプラスの財産が対象となる。借金などマイナスの財産、すなわち債務は、法定相続分で相続人に分割され、遺産分割の対象とはならない。被相続人の債務を一人で全部承継する必要はない。債権者は各相続人に対して、法定相続分の割合で個別に債務の支払いを請求することができる。

これまで判例は、損害賠償請求権や代金請求権、賃料請求権のような分割可能な金銭債権（可分債権）については、法定相続分の割合で機械的に分配されるとして、話し合いなどで取り分を決められる「遺産分割」の対象にしてこなかった。加害者、買主、借主に資力があるかどうか不明な場合、早急に支払いを請求し、未回収のリスクを回避するには、そのほうが都合がよかったからである。預貯金も可分債権なので、同じように扱われた。ただし、家裁実務では、相続人全員が遺産分割の対象とすることに合意している場合には、遺産分割の対象としてきた。しかし、こうした扱いは、相続人間に不公平をもたらすことがあった。

例えば、こんな事案がある。被相続人Aは独身で配偶者も子もいなかったので、晩年の面倒をみてもらうため、妹Bと養子縁組をした。Bは米国で暮らしており、AはBのアパート取得の資金など多額の生前贈与（5000万円相当）をしていた。その後、Bが亡くなったため、弟Fの長女Xに面倒をみてもらうべく、Xと養子縁組をした。Aの相続人は、Bの一人娘Yと、養女Xであり、相続財産は、Aが生前に居住していたマンションの一室約260万円相当と、預貯金約4000万円である。

X・Yが預貯金を遺産分割の対象とすることに合意すればよいが、この事案では、Yは合意しなかった。したがって、預貯金は法定相続分で相続人に分割帰属するのだから、X・Yがそれぞれ2000万円ずつ取得する。遺産はマンションの一室だけなので、Yの母Bの特別受益贈与を考慮すると、この一室はXが取得することになる。合計すると、Xは2260万円、Yは2000万円にBの特別受益5000万円を加えて7000万円となる。預貯金を遺産分割の対象にすることができれば、Yには母Bの特別受益があるため、預貯金はすべてXが取得することになる。その結果、Xは4260万円、Yは特別受益の5000万円となり、より公平な遺産分割になる。

この事案について2016年12月19日、最高裁大法廷は、共同相続された預貯金債権は、相続開始と同時に当然に法定相続分に応じて分割されることはなく、したがって、払戻しはできず、遺産分割の対象になるとした。(注6)

この決定には複数の補足意見、意見が付されている。預貯金が遺産分割の対象となることに関連する問題が多いからである。例えば、高齢の生存配偶者（妻）が亡夫の預貯金から生活費等を引き出していた場合、相続開始後は、預貯金は相続人全員の共有となる結果、法定相続分に応じた払戻しができないため、生計に困るおそれがある。そのような場合に備えて、前述の相続法改正で次のような対応が定められた。各共同相続人は、遺産に属する預貯金のうち相続開始時の額の3分の1に自分の法定相続分を乗じた額（各金融機関ごとに150万円の上限がある）について、単独で権利行使をすることができる。(注7)払戻しを受けた金額は遺産の一部分割により取得したものとみなされる。

（注6）最高裁大法廷2016年12月19日決定・最高裁民事判例集70巻8号2121ページ。差戻審は、預貯金をすべてXに取得させた。なお判例の検討について、二宮周平「預貯金と遺産分割」ケース研究330号（2017）4ページ以下参照。

（注7）同時に、家事事件手続法の保全処分の要件が緩和された。家庭裁判所は、遺産分割の審判または調停の申立てがあった場合において、相続財産に属する債務の弁済、相続人の生活費の支弁その他の事情により遺産に属する預貯金を当該申立てをした者または相手方が行使する必要があると認めるときは、その申立てにより、遺産に属する特定の預貯金の全部または一部をその者に仮に取得させることができる。

6　遺産分割協議・調停の進め方

2018年の司法統計年報によれば、遺産分割調停および審判で、家裁調査官に対して調査命令を出した事件４・２％、特別受益を考慮した事件９・４％、寄与分の定めのあった事件２・２％であり、調停・審判では、法定相続分を基本に遺産分割がなされることが多いことを示している。預貯金を遺産分割の対象とすることは、現金と並んで調整の役割を果たす財産が増えることを意味する。例えば、生存配偶者が住居を取得し、他の相続人に対して、法定相続分に相当する金額を現金や預貯金を使って支払うことが可能になるからである。特別受益を考慮した具体的相続分や寄与分を定める場合にも、調整の原資として合意形成を促す可能性がある。

かねてから、一般市民の感覚では、被相続人の預貯金は相続財産であり、当然、遺産分割の対象になると思われてきた。この最高裁大法廷の決定は、市民感覚に沿うものである。相続人が協議する場合も、家事調停で話し合う場合も、具体的相続分、寄与分、民法９０６条の遺産分割の基準を参照し、預貯金を有効に活用して、相続人間の実質的公平性をより確保する方向で、当事者の合意による解決を目指すべきである。それは、被相続人亡き後の、家族の信頼関係や共同関係を修復することにつながる。取得する遺産の多寡から相続人同士が犬猿の仲になることを、被相続人は望んでいないと思う。

■『多様化する家族と法Ⅰ』補遺

２０１９年６月刊行後の制度の改訂、社会の変化、事実の正確性などを補足します。

・21ページ（注９）の寡婦控除について

２０２０年１月の税制改正で非婚ひとり親世帯にも適用。あわせて適用基準も、年収３６５万円（所得２３０万円以下）から６７８万円（所得５００万円以下）に引き上げた。

・36ページ7行目　医療の場で「性同一性障害」という言葉を用いない動向について

２０１９年５月、世界保健機構（ＷＨＯ）総会で採択、２０２２年１月実施予定の「国際疾病分類（ＩＣＤ11）」改訂案（ＩＣＤ11）は、「性同一性障害」を削除、「性の健康に関する状態（conditions related to sexual health」の章に「性別不合（Gender Incongruence）」を置き、脱病理化が図られた。

・51ページ3行目〜6行目　パートナーシップ証明制度を導入する自治体の増加について

「同性パートナーシップ・ネット」の調査によれば、２０２０年5月17日時点で、51（12の指定都市、二つの府県〔茨城、大阪〕）に増加、利用組数は、ＮＰＯ法人「虹色ダイバーシティ」の調査（２０２０年4月20日時点）によれば９４５組（施行時期と人口に左右されるが、利用者が多いのは、大阪市、世田谷区、札幌市、横浜市、千葉市、福岡市、中野区、渋谷区、那覇市の順である)。

・56ページ5の5行目〜11行目　同性婚を導入した国・地域および導入した年について

NPO法人「EMA(Equal Marriage Alliance)日本」の調査(2019年5月時点)によれば、オランダ(2001)、ベルギー(2003)、スペイン、カナダ(2005)、南アフリカ(2006)、ノルウェー、スウェーデン(2009)、ポルトガル、アイスランド、アルゼンチン(2010)、デンマーク(2012)、ブラジル、フランス、ウルグアイ、ニュージーランド(2013)、英国(イングランド・ウェールズ・スコットランド:2014、北アイルランド:2020)、ルクセンブルク、米国、アイルランド(2015)、コロンビア(2016)、フィンランド、マルタ、ドイツ、オーストラリア(2017)、オーストリア、台湾、エクアドル(2019)、コスタリカ(2020年5月までに)の28か国・地域。

メキシコにおいては、一部の州において同性婚が実行され、それらの州で成立した同性婚がすべての州で認められている。

著者紹介
二宮周平（にのみや　しゅうへい）
立命館大学法学部教授（家族法）、法学博士

1951年５月、横浜で生まれ、愛媛の松山で育つ。大阪大学大学院修了後、松山商科大学を経て、1985年４月から立命館大学法学部。法学部長、常任理事、図書館長等を経験し、2017年３月定年退職。再雇用で立命館大学に勤務。選択的夫婦別姓の実現、子どもの平等、性的マイノリティの権利保障、別居・離婚後の親子の交流支援、家族紛争の合意解決促進などに関わる。主著として『事実婚の現代的課題』（1990年、日本評論社）、『家族と法』（2007年、岩波新書）『18歳から考える家族と法』（2018年、法律文化社）、『家族法〔第５版〕』（2019年、新世社）、『多様化する家族と法Ⅰ―個人の尊重から考える』（2019年、朝陽会）など。

グリームブックス（Gleam Books）
著者から受け取った機知や希望の“gleam《ひらめき》”を、読者が深い思考につなげ“gleam《かがやき》”を発見する。そんな循環がこのシリーズから生まれるよう願って名付けました。

多様化する家族と法Ⅱ
―子どもの育ちを支える、家族を支える―

2020年７月15日　発行　　価格は表紙カバーに表示してあります。

著　者　二宮　周平

発　行　㈱　朝 陽 会　〒340-0003　埼玉県草加市稲荷2-2-7
電話（出版）　048（951）2879
http : www.choyokai.co.jp/
編集協力　㈲　雅 粒 社　〒181-0002　東京都三鷹市牟礼1-6-5-105
電話　0422（24）9694

ISBN978-4-903059-63-1
C0036　¥1000E